Treinamento de força na água

Instituto Phorte Educação
Phorte Editora

Diretor-Presidente
Fabio Mazzonetto

Diretora Executiva
Vânia M. V. Mazzonetto

Editor Executivo
Tulio Loyelo

Assistente Editorial
Talita Gnidarchichi

Treinamento de força na água:

uma estratégia de observação e abordagem pedagógica

Nino Aboarrage

Phorte editora

São Paulo, 2008

Treinamento de força na água: uma estratégia de observação e abordagem pedagógica

Rua Treze de Maio, 596 – Bela Vista – São Paulo – SP
CEP: 01327-000 – Brasil
Tel/Fax: (11) 3141-1033
Site: www.phorte.com *E-mail*: phorte@phorte.com

CIP-BRASIL. CATALOGAÇÃO-NA-FONTE
SINDICATO NACIONAL DOS EDITORES DE LIVROS, RJ

A136t
Aboarrage, Nino, 1965-
Treinamento de força na água : uma estratégia de observação e abordagem pedagógica / Nino Aboarrage. - São Paulo : Phorte, 2008.
216p. : il.
Inclui bibliografia
ISBN 978-85-7655-178-2
1. Exercícios físicos aquáticos. 2. Aptidão física. I. Título.
08-0568. CDD: 613.716
CDU: 613.72
19.02.08 20.02.08 005331

Impresso no Brasil
Printed in Brazil

Dedicatória

Dedico esta obra à minha família e a todos os profissionais que se comprometem em fortalecer a Educação Física e as Atividades Aquáticas, em destaque.

Colaboradores

Fabrício Madureira - CREF 00475-G/SP

Especialista em fisiologia do exercício - UNIFESP. Mestre em biodinâmica do movimento humano - USP. Professor das faculdades UNIMES, UNIP e UNIMONTE.

Henrique França Rodrigues - CREF 017.123 G/SP

Graduado pela Universidade Metropolitana de Santos. Especialista em Treinamento Desportivo pela Universidade Metropolitana de Santos. Professor de Fundamentos de Biologia na UNIMES e Bioquímica e Morfologia na UNIP.

Professor Doutor Luiz Alberto Batista

Graduado em Educação Física pela Universidade do Estado do Rio de Janeiro (UERJ), Mestre em Educação pela Universidade Federal Fluminense e Doutor em Ciências do Desporto pela Universidade do Porto (Portugal). Professor e coordenador do Laboratório de Biomecânica do IEFD/UERJ, Professor e pesquisador dos programas de pós-graduação stricto-sensu em Ciências Médicas, da Faculdade de Ciências Médicas da UERJ e Ciências da Motricidade Humana da UCB. Foi professor/pesquisador convidado da Faculdade de Ciências do Desporto e Educação Física da Universidade de Coimbra (Portugal). Atualmente desenvolve pesquisas no campo da Biomecânica, com ênfase no estudo das condutas motoras de seres humanos e em aspectos de desenvolvimento e controle motor.

Agradecimentos

Agradeço primeiramente a Deus, que me guia e ilumina meus passos e minhas idéias. Aos meus pais, Antonio Michel Aboarrage e Marlene Bello Aboarrage, que por sua perseverança estão juntos há mais de 45 anos, dando-me suporte para que eu desenvolva minhas habilidades. Aos meus filhos Gustavo, João Pedro e Vitor, pois por eles estarei sempre disposto a tudo. À minha querida companheira, amiga e esposa Manuella, por sua paciência e apoio em todas as viagens para as quais sou convidado para difundir minhas idéias.

Ao Professor Dr. Luis Alberto Batista, que acreditou e viabilizou a conquista de mais uma etapa da minha vida acadêmica, orientando-me na conclusão do mestrado que resultou nesta obra. Aos Professores Fabrício Madureira e Henrique França, por cederem a esta obra um capítulo muito rico em conteúdo. Ao Professor Fabio Mazzonetto e à sua equipe da Phorte Editora, que não mediram esforços para esta obra ser concluída com êxito.

Aos parceiros de sempre, Ana Beatriz Gelio, Marcelo Vignolo Leoncy, Renata Rodrigues, Mercês Nogueira Paulo, Fabio Holtz, Wilson Eduardo e equipe Sanny, Estelio Dantas, José Carlos Gallo, Abdala Achour, Antonio Carlos Gomes, Dilmar Pinto Guedes, Julie See, Angie Proctor e Aquatic Exercise Association (AEA).

A Daniel Adler, que cedeu as instalações da Companhia Athletica, unidade Rio de Janeiro, para as fotos e treinos. Aos Professores Péricles, Marcelo e Ana Claudia, por participarem das fotos, e a todos os professores e alunos que fizeram parte dos cursos de pós-graduação e extensão universitária pelo Brasil e pelo mundo.

Nino Aboarrage

Apresentação

Com grande prazer e alegria inicio este livro, que é mais um sonho realizado, especialmente quando aborda um assunto que há mais de 20 anos venho lutando para se fazer acreditar no poder de treinamento que a água oferece. Acredito que em todos esses anos conquistei uma boa gama de seguidores, e alguns deles estão presentes contribuindo neste livro. Aprendi a admirá-los pelos seus conhecimentos e a busca constante em aprimorá-los, pois acreditaram sempre que a força da água não é só para produzir energia com as hidroelétricas ou destruir países como um *tsunami*, mas pode produzir força muscular e construir músculos, por meio de treinamento sério e adequado. Apresentaremos alguns estudos que comprovam esta afirmação.

Há 20 anos, se estivesse falando isso, com certeza seria motivo de chacota entre a comunidade acadêmica, como fui em alguns momentos pelos incrédulos que hoje estão se rendendo aos achados e tendo que engolir estas águas que para nós é pura e nos dá prazer e para eles desce amarga como um fel, rasgando seus preconceitos e quebrando paradigmas criados sem fundamentação e conhecimento de causa.

Gostaria de apresentar o Prof. Dr. Luis Alberto Batista, que, com seu conhecimento acerca da Biomecânica, ajudou-me em demasia na elaboração das pesquisas e na construção deste livro, tornando-se coautor, pois a ajuda que proporcionou enriqueceu muito seu conteúdo.

Outro mestre das águas é o Prof. Me. Fabrício Madureira que, quando me conheceu, disse que me admirava, pois já havia lido meu primeiro livro, *Hidroesporte*: treinamento complementar, com o qual se identificou muito. A partir de então nasceu uma parceria, na qual a troca e a cumplicidade nas idéias foram a essência do fortalecimento da amizade e da produção científica, tornando-me seu admirador.

O Prof. Henrique França Rodrigues foi-me apresentado pelo Prof. Fabrício, que já fazia parte do grupo de estudo como aluno, e tornou-se professor especializado em exercícios aquáticos, seguindo nossos passos, e, com certeza, inundará de conhecimento a Educação Física.

Outro ilustre que participa deste livro é o Sr. Whitesharkmen, que com sua linguagem irreverente, guerreira e, até certo ponto, agressiva, vem nos mostrar sua paixão e conhecimento pela água, sempre fortalecendo as idéias e motivando os fracos e incrédulos.

Convido a todos vocês, leitores, a mergulharem neste livro com águas claras e transparentes, pois aqui abordamos, entre os assuntos, o modo como o corpo deve se comportar em uma aula de hidroginástica e como você pode adquirir força e hipertrofia treinando somente na água.

Posso garantir-lhes que estaremos sempre em busca do conhecimento para enriquecer cada vez mais a indústria aquática.

Nino Aboarrage

Prefácio

Atualmente, no que se refere à prática de atividades físicas, o ambiente aquático, efetivamente, não está restrito somente a esportes como, por exemplo, a natação. O meio líquido, dadas suas características gerais, proporciona grande gama de sensações agradáveis e saudáveis ao ser humano nele imerso, o que, em certa medida, facilita a realização dos exercícios físicos que desencadeiam desde respostas psicológicas, como melhora do quadro de auto-estima e confiança, até de ordem físico-biológicas, como a melhora na capacidade de geração de força, da mobilidade articular e atenuação de quadros diversos de agravo à saúde.

Talvez devido a estas qualidades, recuperando hábitos culturais antigos, a sociedade atual reincorporou este meio ambiente ao repertório de locais utilizados para outros tipos de prática, entre as quais a hidroginástica aparece em destaque.

Com distintas finalidades, seja em academias de ginástica, clubes, condomínios ou qualquer outro ambiente que apresente as condições necessárias, um número expressivo de professores de Educação Física trabalha com esta modalidade, visando, fundamentalmente, garantir às pessoas a aquisição dos benefícios que ela pode proporcionar. De um ponto de vista técnico, para que esta expectativa seja concretizada, é de fundamental importância que este profissional possua à sua disposição informações detalhadas sobre todos os elementos variáveis intervenientes que coabitam este contexto, de forma a conhecer melhor a atividade em si mesma, o ambiente de sua prática e aquele que a pratica, este último tanto do ponto de vista físico-biológico quanto sócio-histórico. De posse desse manancial de informações, ser-lhe-á possível planejar, programar, controlar e reformular ações de intervenção adequadas aos seus alunos.

O presente livro tem como proposta geral colaborar com a construção deste complexo de informações. Na seqüência de outros trabalhos que abordaram o tema *hidroginástica*, já publicados pelo Professor Mestre Nino Aboarrage, o presente manuscrito, além de focar a discussão da força muscular, incorpora um repertório de novas informações diretamente relacionadas à capacitação do profissional, com enfoque na habilidade que este deve possuir, de colher informações a partir da observação da execução das condutas motoras exercitadoras por parte dos alunos, que consiste no primeiro passo rumo ao estabelecimento de diagnósticos precisos e subseqüente elaboração de procedimentos de intervenção educativa, especificamente elaborados para a situação identificada, fugindo à tendência de utilizar repertórios pré-programados de exercícios, independente das necessidades apresentadas pelos praticantes.

O livro desenvolve-se em três blocos subseqüentes, nos quais são recuperadas informações genéricas sobre o universo da atividade física em meio líquido. É discutido o estado da arte da hidroginástica enquanto estratégia de treinamento de força, e são apresentados elementos relativos ao processo pedagógico efetivo implicado no trabalho com esta modalidade, respectivamente.

A exposição inicia-se com um breve relato histórico da atividade no meio líquido, de modo a resumir o decurso de seu processo evolutivo, tanto social como científico. Na seqüência, são declinados os objetivos previstos como resultado da prática regular da hidroginástica, as condutas motoras utilizadas como estratégias de exercitação e as características físicas do meio líquido, as quais estão intimamente relacionadas, em uma visão biomecânica, às capacidades mecanicamente indutivas deste, que, por sua vez, referem-se às adaptações físico-orgânicas obtidas. A explanação progride no sentido de estabelecer a relação entre a atividade de hidroginástica e o desenvolvimento da força muscular humana por meio da exercitação física, culminando com uma apresentação comentada da produção científica atual relativa a este tema.

O texto evolui e adentra a discussão acerca dos aspectos pedagógicos envolvidos no trabalho com hidroginástica. Esta parte do trabalho é inspirada na premissa de que existem ações integradas comumente presentes em uma atividade pedagógica, como preparação, observação, intervenção, avaliação e diagnóstico. Na seqüência, são focados aspectos relativos à atividade de *observação pedagógica*, o que ela é, suas implicações na determinação do nível de qualidade da atividade profissional e os tipos existentes e os fatores intervenientes em sua implementação no trabalho com atividades aquáticas. Posteriormente, são apresentados os resultados de pesquisa recente sobre esta importante etapa do processo pedagógico, cuja perspectiva foi identificar como o profissional de Educação Física que atua com a hidroginástica tem conduzido a tarefa de observação da execução das técnicas motoras exercitadoras de seus alunos, e desvelou dados interessantes que podem ser utilizados na elaboração de processos de aprendizado e aperfeiçoamento desta capacidade didático-pedagógica.

Atualmente, há um consenso, por parte de um grande número de cientistas da Educação Física, que as pesquisas neste campo têm se preocupado em buscar respostas para questões, que, muito embora estejam, em certa medida, relacionadas ao universo da prática de atividades físicas, não se relacionam diretamente ao processo de intervenção profissional. Geralmente, são questões especificamente referentes às ciências que dão suporte à intervenção, e não com ela em si mesma.

Nesse sentido, o presente trabalho tem o mérito de, incorporando informações oriundas destes campos de conhecimento, discutir a prática interventiva do profissional de Educação Física, ainda que dentro de certos limites, rompendo com a tradição manualesca que, em um passado bem recente, marcava a elaboração de manuscritos que tinham como propósito orientar as ações técnico-profissionais dos professores de Educação Física.

Em relação à generalização das informações aqui veiculadas, muito embora este material tenha sido elaborado para profissionais de Educação Física que atuam com hidroginástica, diferentes profissionais que se utilizam do ambiente aquático como meio no processo de intervenção profissional podem se beneficiar de sua leitura.

Luiz Alberto Batista

Sumário

Capítulo 1

um breve histórico da atividade no meio líquido

A água sempre foi muito respeitada pela maioria dos povos antigos. Sua utilização parece ter contemplado vários propósitos, entre eles o curativo. Sabe-se que os japoneses, assim como chineses, gregos e romanos, faziam uso dos banhos muito tempo antes de Cristo. Naquela época, a utilização da água como meio terapêutico estava também ligada a práticas místicas. Segundo fontes históricas, os gregos foram os primeiros povos a apreciarem o uso da água para promover o bem-estar físico e mental, e, por volta de 500 a.C., passaram a usá-la mais detidamente para o tratamento físico (Ruoti, Morris e Cole, 2000).

Atualmente, a crescente popularidade e o reconhecimento do valor das atividades em meio líquido vêm associados à preocupação dos profissionais que atuam na área do exercício físico em fundamentar, com bases científicas sólidas, os processos didático-pedagógicos pertinentes a este contexto.

As características e propriedades físicas da água permitem aos indivíduos, sob as mais diversificadas limitações, realizar movimentos dentro de suas capacidades físicas, sem os mesmos riscos de sobrecarga que ocorreriam se estivessem se exercitando em terra (Baum, 2000; Ritchie e Hopkins, 1991; Town e Bradley, 1991).

É importante acrescentar que a referência à carga feita pelos autores citados diz respeito àqueles tipos mais conhecidos. Neste sentido, muito dos aspectos mecânicos, promotores de carga significativa, ainda não foram claramente identificados, sobretudo no que diz respeito ao movimento corporal realizado em meio líquido. O conhecimento deste fato é de fundamental importância, tendo em vista que a hidroginástica é caracterizada pela realização de exercícios físicos que utilizam os membros superiores e inferiores em imersão vertical, permanecendo continuamente no meio líquido (Monteiro e Soares, 2000).

De acordo com Kruel (1994), a preocupação científica com essa atividade surgiu no Brasil, em 1990, e cresceu rapidamente. Desde este período, essa modalidade de exercitação vem sendo utilizada no tratamento físico de diversas doenças (Bates e Hanson, 1998; Sova, 1998; Baum, 2000; Suomi, 2000; Patrick, 2001), e, com mais freqüência, pela população de idade mais avançada. Segundo o *American College of Sports Medicine*, sua prática também tem sido indicada para melhorar componentes da aptidão física relacionados à saúde, como a capacidade cardiorrespiratória, composição corporal, força, resistência muscular localizada e flexibilidade (ACSM, 2000).

Kravitz e Maio (1997) realizaram uma recensão de publicações científicas sobre a atividade em questão e constataram que o conhecimento veiculado trata, sobretudo, dos benefícios da hidroginástica, da promoção da saúde e melhora da qualidade de vida, com enfoque predominante nas adaptações cardiorrespiratórias, provenientes da prática desta atividade física.

Em termos de tempo histórico a hidroginástica em comparação a outras modalidades que procuram aprimorar os componentes da aptidão física, é muito recente, embora, como já vimos, a atividade física em meio líquido não o seja. Apesar disso, há, hoje, grande procura, por parte de pessoas que querem melhorar ou manter o estado de saúde, por locais onde possam praticá-la, fazendo que a atividade em foco seja utilizada por um grande número de praticantes por todo o mundo.

Infelizmente, não obstante seja um fato a inserção da hidroginástica na cultura de atividade física das pessoas, do ponto de vista técnico-científico existe uma carência muito grande em relação às publicações que veiculem informações de qualidade, em especial no referente às informações necessárias ao embasamento biomecânico dos procedimentos pedagógicos a serem utilizados na condução das atividades por parte dos profissionais de Educação Física.

Ao que parece, o exercício aquático é diferente, nos efeitos que produz, de qualquer outra forma de atividade terrestre. Isto é o que indicam evidências fisiológicas, como, por exemplo, o comportamento da freqüência cardíaca e o débito cardíaco em diferentes profundidades (Kruel, 2003). Sendo assim, é de se esperar que as reações do organismo humano na terra sejam distintas daquelas identificadas no meio aquático, sendo as propriedades físicas deste meio apontadas como o principal fator que determina as alterações, as quais exercem influências no comportamento tanto no fluxo quanto na composição sangüínea, no mecanismo de termorregulação, no funcionamento do sistema nervoso e na secreção das glândulas, já que até mesmo a psique pode apresentar modificações (Eitner, 1989; Holmer et al., 1974; Arborelius et al., 1972; Gleim e Nicholas, 1989; Wilder e Brennan, 1993; Michaud et al., 1995; Melton et al., 1996).

Como se pode ver, o tema da atividade física em meio líquido tem sido explorado no contexto da ciência, porém, apesar de todo o conhecimento produzido até o momento, muitas questões continuam sem resposta, sobretudo quando se referem a fatores que não são comumente tratados no campo da fisiologia. Informações, por exemplo, sobre conduta postural corporal no decorrer da execução do movimento, assim como de consciência corporal que o praticante precisa ter para obter uma melhor qualidade de exercitação, são pouco relatadas na literatura. Não obstante esta carência, percebe-se que os professores procuram orientar os alunos quanto a aspectos desta natureza, na expectativa de que melhores resultados serão obtidos se as condutas utilizadas para induzi-los a constituir técnicas motoras são de boa qualidade.

Em razão do estado da arte no setor, há grande necessidade de uma quantidade mais significativa de pesquisas, apesar do número razoável de estudos que têm sido realizados, em especial a partir da década de 1990, como relatou Kruel (2003). Capacidades físicas, como força, resistência muscular localizada (RML), flexibilidade e mais um conjunto de outras respostas fisiológicas, mecânicas e até psicológicas, precisam ser estudadas a fundo para que se conheça mais sobre a modalidade e para que se possa oferecer aos alunos um ambiente pedagógico que viabilize a prática de uma atividade segura, eficaz e eficiente.

Empiricamente, constata-se que, do ponto de vista de legitimidade cultural, o exercício aquático tem tido ótima aceitação e grande credibilidade, o que, de uma forma geral, é encorajado pela comunidade médica. Tal fato faz que um grande número de indivíduos seja levado a praticar atividades ligadas ao meio líquido, como informa Katz (1996), entre as quais destaca-se a hidroginástica.

Diante dos fatos, é razoável estimar que exista uma defasagem em pesquisas de hidroginástica em relação a vários aspectos, sobretudo em relação às estratégias de observação da execução utilizadas por profissionais de educação física no decurso de suas aulas, procedimento de fundamental importância, tendo em vista o fato de termos que educar as pessoas a utilizar o corpo de maneira eficiente no meio líquido. Dentro deste quadro de necessidades, interessam-nos os estudos referentes à qualidade mecânica do movimento no meio líquido, e aqueles relacionados com a capacidade do professor de Educação Física que atua com esse tipo de atividade de visualizar os aspectos fundamentais inerentes à execução técnica das habilidades motoras pertinentes à modalidade.

É importante lembrar que é a partir dos resultados obtidos e de uma boa observação que constatamos os pontos fracos e fortes presentes nas condutas motoras realizadas por nossos alunos, e é com base nestas informações que os professores poderão preparar e encaminhar sua orientação, no sentido de orientar a melhor execução dos exercícios.

A esse respeito, o manual do profissional do *fitness* aquático, da *Aquatic Exercise Association* (Manual AEA, 2001), adverte que um entendimento básico sobre a análise dos movimentos é fundamental para um programa de exercícios seguro e eficaz. Orienta o referido manual que a postura e o alinhamento adequados devem ser ensinados e estimulados em qualquer aula de exercícios aquáticos. Nesse ponto, é pertinente lembrar, muito embora se corra o risco de comentar o óbvio, que, para se ensinar alguma coisa, deve-se ter clareza de como o processo está ocorrendo com o executante. Para que isso seja possível, é preciso saber previamente o que deve ser visto, e de que forma deve ser visto. Infelizmente, reconhecer e aceitar como verdade o fato de que é preciso acompanhar a atividade, no sentido de serem avaliados posturas e alinhamentos adequados, não significa, necessariamente, ter capacidade de fazê-lo.

Entende-se que o primeiro obstáculo para propor estratégias voltadas a uma melhor capacitação pedagógica do professor de Educação Física, em relação à competência para a captura de informações biomecânicas, a partir da observação da execução das condutas motoras utilizadas como exercitação na hidroginástica, consiste em observar a execução de maneira eficiente. Desta forma, a incapacidade dos profissionais que ministram aulas de hidroginástica em proceder a processos pedagógicos de observação constitui uma falha grave.

Em estudo recente, examinamos a capacidade de observação de professores de Educação Física, com ênfase na captura de informações relativas à qualidade biomecânica de condutas motoras utilizadas como exercícios físicos na hidroginástica.

A coleta de dados ocorreu em três regiões distintas do Brasil: Rio de Janeiro, Goiânia e Belo Horizonte. Foi pedido aos participantes que observassem os movimentos propostos e idenficassem os erros presentes na execução dos movimentos, tendo como base o princípio de que os movimentos objetivavam utilizar as qualidades físicas da água com o propósito de se estabelecer um quadro de exercitação contra-resistência, visando a modificações positivas na capacidade de geração e uso de força muscular.

Os resultados obtidos demonstram que um percentual dos professores analisados encontrou dificuldades para apontar os erros nas execuções dos movimentos propostos a partir do processo de observação implantado. Verificou-se que a coluna vertebral é a região em que os professores mais focam, muito embora haja grande incidência de erros de interpretação.

De forma geral, constatou-se que os professores examinados apresentam muitas dificuldades para observar o movimento e elaborar um diagnóstico do erro. Esta ocorrência parece independer da região geográfica, tendo em vista a existência de equilíbrio tanto no que diz respeito à quantidade de erros quanto na distribuição dos mesmos por região anatômica. Isto, de certa forma, é um indicador de que o problema não é inerente à tendência de formação de determinada região geográfica. Somos levados a crer que estamos tocando em uma questão de fundo no que tange à formação técnico-pedagógica do profissional de Educação Física.

Felizmente, de modo complementar, observou-se que a capacidade de observação dos profissionais pode ser melhorada por meio de processos adequados de treinamento pedagógico.

Partindo-se do princípio que estratégias de observação, como a empregada neste livro, têm grande eficácia no processo que inclui a posterior correção de técnicas motoras, e tomando como evidência os resultados obtidos na investigação, é nosso ponto de vista que mais estudos sejam realizados no sentido de aprofundar esta temática e produzir mais conhecimento acerca dela, uma vez que há uma carência de literatura que trate de tal tema.

Uma apresentação aprofundada do estudo referido nos parágrafos anteriores pode ser vista no capítulo 8.

Capítulo 2

a hidroginástica, seus propósitos e técnicas motoras específicas

A hidroginástica surgiu no Brasil no final dos anos 1980 (Marques e Araújo Filho, 1999), podendo ser considerada jovem quando comparada a outras atividades. Uma das conseqüências dessa juventude é a carência de investigações científicas que disponibilizem maior quantidade de informações a serem utilizadas pelos profissionais que atuam nesta prática, com o propósito de qualificar melhor suas aulas.

Esta modalidade de exercitação "[...] caracteriza-se pela utilização de exercícios cíclicos e acíclicos, envolvendo membros superiores e inferiores no meio líquido" (Soares e Monteiro, 2000), e inclui tanto exercitações originais quanto adaptadas; estas últimas, oriundas, basicamente, do repertório utilizado na ginástica praticada em meio terrestre.

De forma geral, o contexto da prática pode ser diversificado. Os exercícios dentro da água podem ser realizados ao som de música, o que dependerá do conjunto de estratégias adotado pelo profissional que orienta o processo. Como regra geral, o corpo deve estar imerso e na posição vertical, sendo variável a profundidade da piscina, muito embora seja recomendado que o nível da água esteja entre a cicatriz umbilical e a linha subaxilar. Para aulas em piscina rasa, a profundidade deve estar entre 1,30 e 1,50 m, e para piscina funda, acima de 1,80 m, com utilização ou não de colete flutuante (Manual AEA, 2002).

O Manual da AEA (2002) orienta que a temperatura da água deva variar entre 27 e 32 graus, e, para treinamentos de alta intensidade, a temperatura deve estar próxima aos 27 graus e para relaxamento e atividades terapêuticas, próxima aos 32 graus.

No início da prática contemporânea, a hidroginástica era recomendada apenas para pessoas com necessidades especiais, como obesos, idosos e gestantes, devido aos efeitos, diretos e indiretos, da flutuação. Atualmente, estudos voltados ao melhor conhecimento desta prática demonstram que os efeitos desencadeados sobre o organismo humano podem aprimorar e/ou manter o condicionamento físico também em indivíduos não pertencentes aos denominados grupos especiais (Aboarrage, 1997 e 2003; Marques e Araújo Filho, 1999; Baum, 2000; Robinson et al., 2004).

Além disso, o perfil dos praticantes dessa atividade parece indicar que a hidroginástica atrai grande quantidade de praticantes, por não exigir habilidades de natação, nem a imersão da cabeça na água, o que é adequado a pessoas que não se sentem à vontade em meio líquido, geralmente por receio a situações de afogamento.

Para além dos aspectos físico-orgânicos, a prática da hidroginástica promove efeitos psicossociais. Yazawa et al. (1989) afirmam que um grande benefício da hidroginástica consiste na melhor possibilidade de integração entre participantes diversos, não sendo obrigatoriamente necessário a divisão de grupos específicos, seja por idade, sexo ou nível de aptidão, a não ser em casos de diferenças de grande magnitude.

A hidroginástica congrega certo número de exercícios específicos voltado à promoção de mudanças naqueles que os praticam. Assim, como qualquer outra forma de exercitação, os exercícios estão voltados ao alcance de objetivos predeterminados, de modo que o praticante adquira boa condição de saúde ou mantenha uma já adquirida, para a qual diferentes e diversificados parâmetros são levados em conta, entre os quais se destaca a força muscular.

Para programas de atividade física voltados à promoção da saúde, o *American Colege Sports of Medicine* (ACSM, 2000) menciona que a força muscular é considerada atualmente um dos mais importantes parâmetros de aptidão física, mas ainda comenta que um bom programa de *fitness* físico compreende trabalhar com o mesmo grau de importância e elementos, como a capacidade cardiorrespiratória, adequada composição corporal, força, RML e flexibilidade. O uso da hidroginástica com este propósito deve ser cercado de uma série de cuidados metodológicos.

Não se pode, meramente, indicá-la como uma atividade eficiente para o desenvolvimento significativo de força e RML, sem que seja levado em conta que este tipo de resultado somente será obtido por intermédio de exercitações que utilizem movimentos específicos e uma periodização adequada, tendo em vista a estrutura muscular que se pretende estimular. Preocupamo-nos com este aspecto, pois tudo leva a crer que uma quantidade expressiva de praticantes e, mais grave ainda, de instrutores parece não possuir uma compreensão correta acerca das condutas motoras adequadas a estas expectativas, o que consiste em um fator que dificulta, quando não inviabiliza, o cumprimento do princípio da especificidade, tanto na realização das atividades quanto na orientação do processo.

Mesmo que seja para ensinar movimentos compatíveis com as características do corpo, é preciso que se tenha um bom entendimento dos elementos que interferem neles, entre os quais a capacidade de movimentação, as limitações e as funções diárias que o corpo deve ser capaz de realizar, sem desgastes, enfraquecimentos ou excessos (Manual AEA, 2001).

Por tudo isso, checar as características que determinam a boa qualidade de uma exercitação corporal estão intimamente relacionadas àquilo que chamamos de *técnica motora*.

Weineck (1999) introduz o conceito de técnica motora ao comentar que capacidades coordenativas são sinônimo de habilidade. A habilidade permite que um movimento seja executado com economia e precisão. Assim, o aproveitamento dos exercícios executados com consciência técnica implica em uma melhor eficácia para atingir os objetivos, para os quais a conduta motora está sendo utilizada. No caso da hidroginástica, tendo em vista o propósito de melhorar a capacidade da atividade muscular, exemplo utilizado por nós para a melhora da condição geral do praticante, com menor gasto energético.

Ao que parece, toda essa situação envolve um outro conceito importante: o de aprendizado. Cabe chamar a atenção para o fato de que, muito embora o termo aprendizado seja, no dia-a-dia, mais associado a indivíduos jovens, o fenômeno em questão pode ocorrer, em qualquer idade, guardadas as devidas proporções entre os processos decorrentes.

A pessoa que começa a praticar uma atividade física, na qual é imprescindível o uso de estratégias motoras com certo grau de especificidade, que é a situação no presente caso, deverá passar, obrigatoriamente, por uma fase de aprendizado motor das técnicas pertinentes, de forma que possam, posteriormente, ser utilizadas no processo de exercitação. É importante, portanto, que o professor não se limite a demonstrar o exercício e controlar a quantidade de vezes que é executado. É necessário que ele cumpra, com eficácia, seu papel de educador, para que o executante possa utilizar o melhor movimento, sob indicação, e, assim, alcançar os melhores resultados.

Hotz e Waineck (1983) comentam que, para um bom aprendizado das técnicas de movimento, devem-se respeitar as fases do aprendizado e sugerem uma seqüência lógica para estas, composta por quatro etapas: fase de informação; fase de coordenação grosseira; fase de coordenação fina; fase de fixação.

Na *fase de informação e aquisição*, o praticante tem seu primeiro contato com o movimento e desenvolve os requisitos básicos para a execução. A aquisição depende da coordenação e da capacidade de observação do indivíduo. Na *fase de coordenação grosseira*, os principais fenômenos observados são: velocidade não adequada; execução não fluente; falta de precisão e emprego excessivo da força. Não obstante o quadro, nesta fase, apresentar-se, ainda, um tanto quanto caótico, cabe alertar para o fato de que o executante deve apresentar rudimentos dos movimentos ensinados. Na *fase de coordenação fina*, evidencia-se um aumento da precisão dos movimentos e uma perceptível maior compreensão das informações verbais. Assim, os movimentos aprendidos devem apresentar precisão de coordenação, sendo possível observar-se maior fluência dos mesmos, o que indica uma mobilização adequada das forças. Na *fase de fixação, complementação e disposição dos movimentos*, a movimentação caracteriza-se por precisão, constância e harmonia. A formação da coordenação fina é observada e pode ser empregada com sucesso em situações pouco habituais (Weineck, 1983).

Entende-se, portanto, como foi mencionado anteriormente, que o aluno que realiza a atividade de hidroginástica deverá passar por essas etapas, cada um a seu tempo, à sua maneira, de forma que as técnicas motoras utilizadas para provocar mudanças físicas e de funcionamento sistêmico surtam os efeitos esperados.

Infelizmente, como já aludimos, suspeita-se que boa parte dos profissionais que ministrem aulas de hidroginástica não esteja preparada para informar ao aluno sobre como este deve proceder, em relação à execução correta das técnicas motoras em uma aula de hidroginástica. Acreditamos que esta deficiência seja ocasionada por uma série de diferentes fatores, entre os quais a falta de vivência, de conhecimento técnico e/ou pedagógico.

Em parte, essa carência metodológica pode estar associada ao fato de o professor não conseguir identificar, na perspectiva do que se convenciona chamar de biomecânica aplicada à análise qualitativa, os indicadores motores emanados dos movimentos dos alunos (Hay e Reid, 1985).

Esses indicadores fornecem informações a serem utilizadas em um processo de diagnóstico e, posteriormente, na intervenção pedagógica. Entende-se que isso é fato concreto no que diz respeito ao uso da hidroginástica como estratégia para o treinamento da força muscular e da resistência muscular localizada, tendo em vista que, como aludido anteriormente, neste caso, a qualidade técnica do movimento é fator de vital importância para a obtenção de bons resultados.

Em grande parte, o estabelecimento dos indicadores, que viabilizam a identificação do padrão de qualidade dos movimentos corporais utilizados como exercitação na hidroginástica, está atrelado às propriedades físicas da água. São estas propriedades que determinarão os tipos de benefícios proporcionados pelo meio líquido, na medida em que definem diretamente as capacidades bioestimulativas do meio.

Capítulo 3

propriedades físicas da água e sua aplicação prática

A água é matéria, portanto é formada por moléculas que, por sua vez, compõem-se de átomos (Skinner e Thompson, 1985). A água pode existir nos estados líquido, com temperatura entre 0° e 100°C, sólida, com temperatura abaixo de 0°C, e gasosa, com temperatura acima de 100°C (Bates e Hanson, 1998).

As propriedades físicas que a água apresenta estabelecem diferenças importantes entre o meio líquido e o terrestre. Diferenças estas que influenciarão nas respostas diferenciadas que o organismo e a estrutura funcional dos humanos apresentarão, quando expostos a um ou a outro. De acordo com Skinner e Thompson (1985), as principais propriedades estão relacionadas aos conceitos de massa, peso, densidade, gravidade específica ou densidade relativa, flutuação, pressão hidrostática, tensão superficial e viscosidade.

3.1 Densidade Relativa ou Gravidade Específica e Flutuação

Skinner e Thompson (1985) esclarecem que é a relação entre a massa de uma substância e a massa do mesmo volume de água que determinam se um objeto flutuará no meio líquido. Quando este valor é maior que 1,0 (um), a substância ou objeto afundará; e quando inferior a 1,0 (um), flutuará, de acordo com Bates e Hansom (1998).

O homem é capaz de flutuar no meio aquático, já que a densidade média do corpo humano é de 950 kg/m^3 e a densidade da água pura é de 1.000 kg/m^3, enquanto a água do mar é mais densa (1.024 kg/m^3). Sendo assim, é fácil flutuar na água do mar, pois ela apresenta maior densidade.

A gravidade específica do tecido adiposo é de 0,8; a dos ossos é de 1,5; e a do tecido muscular é de 1,0. Isto explica a facilidade que alguns indivíduos têm para flutuar, em razão de um maior percentual de gordura, que possui gravidade específica menor que o meio líquido, enquanto indivíduos magros, com densidade óssea desenvolvida ou grande volume muscular, apresentam menor capacidade de flutuação (Bates e Hansom, 1998).

Diante disso, Kruel (1994) comenta que:

> Uma vez que o corpo humano é constituído de uma variedade de tecidos (ossos, músculos, gorduras etc.), e como eles próprios têm diferentes gravidades específicas, a quantidade de cada um existente no corpo de uma pessoa tem uma boa relação com a capacidade deste flutuar ou não. (p. 15)

Na prática da atividade hidroginástica, tendo como base as informações acima, os professores podem orientar suas atividades em dois sentidos:

- para indivíduos com dificuldade de flutuação, recorrer a materiais flutuantes, visando à realização de exercícios que exigem a flutuação;
- para indivíduos com grande quantidade de tecido adiposo, os quais tendem a flutuar, gerando um desequilíbrio na execução dos exercícios, sugerir que façam uso de materiais com densidade mais elevada, para aumentar o lastro corporal e dar mais estabilidade em meio líquido, tornando possível melhor sustentação do corpo em condição de estabilidade.

Assim, a flutuação está fortemente relacionada à gravidade específica, pois um objeto com densidade relativa menor que 1,0 flutuará, devido ao peso do objeto ser menor que o peso de água deslocada (Bates e Hansom, 1998).

Para Skinner e Thompson (1985), a flutuação é a força experimentada como empuxo para cima, que atua em sentido oposto à força da gravidade. O ponto em que a força de flutuação age sobre o corpo imerso é chamado de *centro de flutuabilidade* ou *centro de volume do objeto*, podendo ser definido como: "O ponto ao redor do qual o volume de um corpo se distribui igualmente em todas as direções" (Hall, 1999).

A capacidade de flutuabilidade de um indivíduo, nessa condição, varia conforme o tamanho e a densidade do corpo, capacidade pulmonar e da composição corporal (Manual AEA, 2001). Outro fator citado pela AEA é que a flutuabilidade depende também do percentual de imersão: quanto maior é a profundidade de submersão, maior será o deslocamento de água. É importante registrar que o controle dos movimentos diminui à medida que a profundidade de submersão aumenta, fato que faz que a execução correta das técnicas motoras se torne mais difícil.

O empuxo, aludido por Skinner e Thompson (1985), é uma força que atua no sentido oposto à força da gravidade, ou seja, de baixo para cima. O princípio de Arquimedes diz que, quando um corpo está total ou parcialmente imerso em um fluido em repouso, ele experimenta um empuxo de baixo para cima igual ao volume de fluido deslocado.

Diante de tal quadro, durante a imersão na água, duas forças verticais agem sobre o corpo: a gravidade, de cima para baixo, que atua por meio do centro de gravidade e a flutuação, atuando de baixo para cima, por meio do centro de flutuação, que é o centro de gravidade do líquido deslocado (Skinner e Thompson, 1985).

Já que o peso atua no centro de gravidade e a flutuação, no centro de volume, quando estes dois pontos não estão alinhados verticalmente, há a presença de um binário de forças, que origina um efeito de rotação sobre o corpo, que tende a girar até uma posição em que ele consiga alinhar as duas forças atuantes (Hall, 1999). Por isso, grande parte das pessoas tem dificuldade de manter verticalidade ou horizontalidade plena quando imersas em meio líquido, e, para fazê-lo, executam-se movimentos segmentares, os quais, em algumas situações, não são previstos para exercitação.

Empiricamente, percebe-se que, talvez como conseqüência dessa relação de forças, durante as aulas de hidroginástica, a maioria das pessoas consegue se exercitar harmoniosamente com a água na altura do peito. Acredita-se que seja pelo fato de que, desta maneira, elas consigam sentir o peso do corpo o suficiente para controlar a postura corporal de maneira eficaz, fazendo que os músculos abdominais sejam exigidos mesmo que inconscientemente, para que o corpo se equilibre na posição vertical. A capacidade de controle dos movimentos parece diminuir de forma considerável quando a imersão vai até o pescoço, sendo necessário recomendar que o aluno mantenha o corpo sempre alinhado entre os diferentes movimentos (Manual AEA, 2001).

Na hidroginástica, os efeitos da flutuação são sentidos imediatamente pelos executantes. Há uma redução na resultante de forças que atua sobre o corpo, o que facilita a execução de determinados exercícios e diminui o estresse articular na região dos ombros, cotovelos, coluna, quadril, joelho e tornozelo. Permite que pessoas obesas e com problemas musculoarticulares possam exercitar-se com menor risco de adquirir lesões que têm o impacto como elemento etiopatogênico quando praticam a atividade em terra (Manual AEA, 2001).

Com relação, especificamente, às condutas motoras, que constituem o foco de nossas argumentações, o fenômeno da flutuação pode ser utilizado como mecanismo influente na ação do exercício se equipamentos adequados são utilizados. Skinner e Thompson (1985) explicam que a flutuação pode assistir ao movimento, quando executado em direção à superfície da água, e resistir ao movimento, quando realizado da superfície para o fundo da piscina.

Entretanto, o uso desse tipo de estratégia desencadeia uma instabilidade da postura, gerada pelo jogo de forças em meio líquido, levando o indivíduo a alterar o padrão do movimento segmentar, no sentido de melhor vencer a resistência imposta pelo fenômeno da flutuação.

De posse dessas informações, o professor pode interagir com o aluno e prescrever a atividade com intensidade adequada a cada nível de condicionamento e para os mais variados biótipos, ciente de que essas variáveis determinarão diferentes estímulos, por parte do meio líquido sobre o corpo, e que estes provocarão a ocorrência de diferentes deslocamentos dos segmentos corporais e do corpo como um todo. Neste sentido, é fundamental atentar-se às alterações adaptativas nos movimentos, de forma que estas não impliquem deterioração na qualidade motora dos exercícios.

3.2 Pressão Hidrostática

Essa propriedade física da água obedece à lei de Pascal, que afirma que a pressão do líquido é exercida igualmente sobre todas as áreas da superfície de um corpo imerso, em repouso, a uma dada profundidade. Ela aumenta proporcionalmente à profundidade e à densidade do fluido, como informam Skinner e Thompson (1985).

Provavelmente, a pressão hidrostática, dadas suas características físicas, é responsável por efeitos benéficos sobre a hemodinâmica e como resposta ao treinamento.

Segundo Hall et al. (apud Baum, 2000), indivíduos normais, sentados, em repouso e imersos até altura do processo xifóide do esterno apresentaram uma redistribuição do sangue na direção do centro do corpo, de cerca de 700 ml, que resulta em aumento de 34% no débito cardíaco e de 700% na produção de urina, além de uma redução na freqüência cardíaca de cerca de 10 batimentos por minuto.

Bates, Hansom (1998) e Baum (2000) argumentam que pessoas com capacidade vital abaixo de 1.500 ml podem ter dificuldades respiratórias se imersas até a linha do peito. Tendo em vista suas características, a pressão hidrostática beneficia indivíduos com problemas renais e/ou circulatórios e gestantes, por facilitar o retorno venoso e a redução de edemas.

Na realidade, os valores de pressão hidrostática não serão influenciados de forma significativa pela variabilidade das condutas motoras, muito embora, como se viu, constitua uma importante característica física da água no que diz respeito aos efeitos resultantes da prática da hidroginástica.

3.3 Resistência

Diferente da pressão hidrostática, o conjunto de resistências proporcionado pela água é um fator que tem efeito direto na determinação da intensidade dos exercícios. São elas que, em grande parte, estabelecem a quantidade de energia exigida para o deslocamento do corpo ou de determinado segmento corporal, através do meio líquido. Como conseqüência, este fenômeno é fator determinante na magnitude da sobrecarga imposta à estrutura orgânica em foco. Em suma, sempre haverá um melhor aproveitamento da resistência quando a execução do movimento for feita com qualidade técnica.

Na medida em que um corpo passa por um fluido, ele provoca um distúrbio. A magnitude desse distúrbio é diretamente proporcional à taxa de transferência de energia do corpo para o fluido. Essa transferência de energia é conceituada como resistência do fluido, seja ele ar ou água (Hamill e Knutzen, 1999).

A resistência, ou arrasto, oferecida pela água pode ser chamada de *resistência dinâmica* e consiste em uma força que tende a reduzir a velocidade de deslocamento do corpo por meio de um fluido, neste caso, o meio líquido. Hall (1999) afirma que a resistência dinâmica obedece à lei do quadrado teórico, a qual diz que a resistência imposta pelo meio aumenta com o quadrado da velocidade relativa de movimento. É importante salientar que o arrasto é um conjunto de forças que se opõem aos movimentos que um indivíduo tenta realizar. Enquanto nos deslocamentos, em qualquer sentido, forças serão geradas no sentido contrário dificultando o avanço (Carr, 1998). A resistência dinâmica total é composta pelo atrito da superfície, resistência dinâmica da forma e resistência da onda.

O atrito de superfície origina-se dos contatos entre as moléculas de fluido, próximo à superfície de um corpo. Quando um objeto se move na água, o fluido forma a camada limítrofe, que, graças à viscosidade do meio, apega-se à superfície do objeto. A magnitude da resistência imposta pelo atrito de superfície depende da viscosidade, do tamanho da área superficial do corpo exposta ao fluxo, da aspereza da superfície corporal e da velocidade do objeto e do fluido (Carr, 1998; Hall, 1999). É importante lembrar que a viscosidade da água diminui em temperaturas mais altas, e reduz, assim, o atrito da superfície e, conseqüentemente, a resistência imposta aos movimentos.

A resistência dinâmica de forma é criada por um diferencial de pressão entre a parte anterior e a posterior de um corpo em movimento em um fluido: na frente, quando as partículas do fluido entram em contato com o corpo, é formado um local de alta pressão; e, atrás, onde há um fluxo turbulento, há uma região de baixa pressão. Para a ocorrência deste fluxo turbulento, na parte posterior do corpo, deve haver uma velocidade de deslocamento suficientemente rápida. Este tipo de resistência oferecida pelo meio líquido pode sofrer variações de acordo com a viscosidade e/ou densidade do meio e da velocidade de deslocamento do objeto/corpo no fluido (Carr, 1998).

A resistência de onda, terceiro componente da resistência dinâmica, age no local em que estão a água e o ar. Conforme um indivíduo desloca-se no meio aquático, ondas são formadas à sua frente, criando uma parede de alta pressão que resiste ao seu movimento. Diferente da resistência dinâmica da forma e do atrito de superfície, que aumentam com o quadrado da velocidade, a resistência da onda aumenta de acordo com o cubo da velocidade. Em piscinas de natação, construídas para serem utilizadas para treinamento e competição, torna-se importante a existência de calhas para absorver as ondas, que, na prática da hidroginástica, são oportunas, visto que aumentam o dispêndio energético (Carr, 1998).

Acredita-se que a principal influência dessa propriedade física em programas de hidroginástica é auxiliar no desencadeamento do fortalecimento muscular, em que se utiliza o meio como fator indutor de sobrecarga, pois, aumentando a velocidade e variando a trajetória do movimento, a água oferece maior carga ao sistema músculo-esquelético (Baum, 2000).

Nesse sentido, checar essas características do meio fluido, em especial a água, viabilizam o uso desse meio em exercitações contra-resistência. A qualidade das técnicas motoras, neste caso, está relacionada às posições que os segmentos assumem quando são deslocados através do meio líquido, tendo em vista que as superfícies corporais, ao se contraporem ao meio circundante, estabelecem o jogo contra-resistivo, e a dificuldade de avanço por entre as moléculas do meio pode variar em função da forma e superfície do segmento, o que, em parte, depende da sua posição assumida.

A variabilidade da forma e da área de superfície do segmento, como se viu, interferirá diretamente na qualidade de carga resistiva e, conseqüentemente, no valor estimulante do exercício. Por isso, o professor deve estar atento à conformação dos segmentos corporais imersos em meio líquido durante a execução dos movimentos corporais. Este assunto é de grande magnitude para enriquecer o conhecimento acerca do melhor aproveitamento do meio líquido como componente resistivo e será abordado com maior ênfase no capítulo 5.

Capítulo 4

componentes da aptidão física relacionados ao foco do treinamento de força no meio líquido

4.1 Força e Resistência Muscular Localizada

A força muscular pode ser definida como o vigor máximo que um músculo ou um grupo muscular pode gerar, e resistência muscular como a capacidade de sustentar ações musculares repetidas durante um longo período de tempo (Wilmore e Costil, 1999).

A inclusão do treinamento contra-resistência (força e RML) em guias e manuais de diversas instituições fomentadoras da promoção da saúde, como a *American Heart Association* e o *Surgeon General*, é relativamente recente.

Feigenbaum e Pollock (1999) traçam uma retrospectiva da aceitação do treinamento contra-resistência na aquisição do *fitness* físico e melhora da qualidade de vida. Segundo esses autores, essa forma de exercício foi primeiramente utilizada por médicos do exército após a Segunda Guerra Mundial, em programas de reabilitação ortopédica, e, devido ao seu sucesso, nos anos 1970, foram realizados vários estudos sobre os trabalhos de força e RML, incluindo-os como parte de programas bem estruturados de aptidão física, juntamente aos exercícios aeróbicos. Porém, com um maior número pesquisa epidemiológica, ainda na década de 1970, reforçando a importância e a relação entre programas aeróbicos e doenças cardiovasculares, houve um declínio nas investigações sobre treinamento contra-resistência e seus efeitos sobre a saúde. Novos estudos, em meados dos anos 1980, referentes à quantidade e à qualidade do treinamento de força e RML argumentavam acerca da necessidade de incorporar atividades com essas finalidades em programas voltados à melhora da capacidade funcional das pessoas. Este movimento fez que o ACSM incluísse, a partir de 1990, esta modalidade em seu posicionamento oficial sobre a matéria.

Alguns especialistas dedicaram-se a testar e propor procedimentos a serem utilizados com este fim. Pollock e Evans (1998) enunciaram os padrões mínimos a serem seguidos na elaboração de um treinamento contra-resistência: uma série, contendo de 8 a 10 diferentes exercícios para os principais grupos musculares, durante 2 a 3 dias por semana. Cada exercício deve ser repetido de 8 a 12 vezes em indivíduos jovens, com maior esforço que em pessoas idosas ou pacientes cardíacos, que devem se exercitar, moderadamente, com 10 a 15 repetições.

Para o caso do aumento da força muscular, é recomendado utilizar maior quantidade de massa resistiva ou maior peso, com a aplicação da tensão máxima ou submáxima, e um menor número de repetições; já para a resistência muscular localizada, pode-se desenvolver com pesos menores e maior número de repetições (Pollock e Wilmore, 1993).

Seja como for, sabe-se, atualmente, que bons índices de força e RML auxiliam na prevenção de problemas de postura e de lesões musculoarticulares (Glaner et al., 1998), e que os exercícios físicos constituem peça de fundamental importância para a aquisição e manutenção desses índices.

De forma geral, as estratégias, como as descritas acima, foram desenvolvidas para as atividades em terra, porém vários elementos são similares quando se referem ao meio líquido. Por exemplo, assim como na terra, na água também se utilizam equipamentos para o treinamento de força, com o objetivo de aumentar ou maximizar a resistência ao avanço. Em terra, geralmente, a resistência é determinada pela quantidade de peso levantado, enquanto na água a resistência se dá por outros fatores, como a área de superfície, amplitude do movimento e velocidade de execução (Case, 1998; AEA, 2001), sempre aproveitando as características do meio circundante.

No caso específico da *endurance* muscular, o uso da resistência, proporcionado pela água, parece ser um ótimo meio para gerar carga, a fim de promover respostas positivas ao treino (Lindle, 1995). Ao que parece, na água, os movimentos são mais consistentes, e, mais facilmente, pode-se aumentar o nível de intensidade (Bates e Hanson 1996), porém há limitações para o rendimento, tendo em vista que, quando se utiliza a água como fator resistivo, o volume muscular não aumenta notoriamente, ainda que o tônus e o nível de energia do corpo aumentem (Case, 1998).

Embora seja possível estabelecer uma dicotomia entre treinamento para força ou para *endurance*, estes dois componentes não são mutuamente excludentes (Lindle, 1995). Os resultados de estudos têm demonstrado que as medidas para força muscular podem ser comprometidas pelo treinamento de *endurance* (Dudley e Fleck, 1987).

Devido às constatadas propriedades físicas da água, muitos estudos têm examinado os efeitos da hidroginástica na condição muscular. Algumas investigações não encontraram nenhuma alteração nos parâmetros da condição muscular (Hamer e Morton, 1990; Hertler et al., 1992), enquanto outros estudos têm mostrado significantes aumentos na força muscular (Hoeger et al., 1992; Muller, 2002). Como estabelecido por Hamer e Morton (1990), a não-especificidade dos protocolos de teste, no que concerne à validade destes para a mensuração da condição muscular dentro de programas de treinamento aquático, pode ajudar a explicar estes resultados, até certo ponto, contraditórios.

Outra possibilidade, a que mais nos interessa, é que a conformação das condutas motoras utilizadas pelos indivíduos que compuseram as amostras dos estudos não foi controlada. Tendo em vista o fato de que, principalmente no meio líquido, a variabilidade da conduta motora constitui um fator determinante na qualidade da exercitação, e que cada pessoa pode executar uma tarefa motora de forma muito particular, é difícil saber se a falta de mudança no quadro da produção de força muscular não se deu em razão de as técnicas motoras não terem sido corretamente executadas.

De forma geral, admite-se que, se equipamentos resistivos não forem incorporados aos programas de hidroginástica, estes, geralmente, terão seu foco no treinamento de *endurance*.

Aboarrage (2003) menciona que implementos são utilizados devido à necessidade de se aumentar a carga proporcionada pelos exercícios aquáticos. Os equipamentos são adicionados, muitas vezes, para o fortalecimento muscular, embora quando utilizados de maneira errada acabem por atuar, basicamente, na melhora do sistema cardiorrespiratório.

No capítulo 5, poderemos observar a real resposta ao treinamento contra a resistência da água, uma vez que podemos considerar que a hidroginástica é uma atividade contra-resistiva, sendo a água um elemento natural.

4.2 Flexibilidade

O ACMS (1996) conceitua que flexibilidade é a capacidade máxima de mover determinada articulação por meio da amplitude de certo movimento. Entretanto, Dantas (1999, p.57) conceitua flexibilidade como a "qualidade física responsável pela execução voluntária de um movimento de amplitude angular máximo, por uma articulação, dentro dos limites morfológicos, sem o risco de provocar lesão".

A importância deste componente da aptidão física para a saúde e qualidade de vida está diretamente ligada à autonomia e realização das tarefas diárias. O comprometimento de bons níveis de flexibilidade parece incidir de forma epidêmica como produto de uma evolução natural em indivíduos mais idosos e contribui para uma redução na capacidade de realização de atividades da vida diária. Diante deste fato, é importante, em programas de atividade física elaborados para idosos, enfatizar o uso de exercícios de alongamento, que podem auxiliar na melhora e na manutenção da amplitude do movimento. Níveis adequados de flexibilidade podem contribuir, inclusive, para o bem-estar psicológico (Alexander et al., 2000).

Com relação ao desempenho esportivo, a flexibilidade possui um papel importante nas modalidades que envolvem velocidade e força, como indicam Gomes et al. (1997) e Monteiro e Vianna (1997), e na execução de gestos técnicos. O treinamento da flexibilidade pode resultar em relaxamento muscular, melhor aptidão corporal, simetria e postura, alívio de cãibras musculares, redução do risco de lesão ou de dores lombares e diminuição do estresse e da tensão (Alter, 1999). Um programa de aprimoramento desta capacidade física utiliza séries de exercícios denominados *alongamento* (Gomes et al., 1997). Este autor destaca, ainda, que o termo *alongamento* refere-se à plena utilização do arco de movimento existente com menor intensidade de estímulo.

Tendo em vista essas evidências e o fato de a hidroginástica ser uma modalidade praticada por atletas, gestantes, idosos e jovens, é indicado que os professores programem para suas aulas seqüências de exercícios de alongamento, que envolvam os principais grupos musculares e orientem o aluno para uma correta execução.

Em virtude dos efeitos das características físicas do meio, a temperatura da água deve ser observada quando da prescrição dos exercícios (Soares, 2003). A água é um excelente condutor de calor; os exercícios de alongamento devem ser realizados com movimentos lentos e em temperaturas acima de 30°C, pois, segundo Aboarrage (2003), abaixo de 28°C ocorre um esfriamento corpóreo, causando sensação de frio e desconforto ao aluno e estimulando a contração muscular, o que leva ao efeito oposto: o relaxamento. Os exercícios de alongamento em água aquecida parecem ser adequados para favorecer o relaxamento e o desenvolvimento da flexibilidade (Achour,

2004). Templeton, Barraca e O'Kelly (1996) afirmam que a prática do exercício no meio líquido é efetivamente propícia em relação à melhora da flexibilidade, enquanto reduz a dor, quando da realização dos mesmos.

4.3 Implementos Utilizados em Hidroginástica

A hidroginástica pode envolver, ou não, a utilização de equipamentos e aparelhos. Entretanto, é importante não perder de vista que, utilizando ou não equipamentos, esta é uma atividade na qual, essencialmente, as ações corporais determinam a qualidade dos resultados. Sendo assim, os bons resultados mantêm uma relação diretamente proporcional ao nível de conhecimento sobre o corpo, tanto por parte do professor quanto por parte do aluno. Atualmente, existem várias técnicas para se trabalhar o corpo dentro da água, mas o importante é percebê-lo e ter consciência do maior número possível de fatores a ele relacionados, como respiração, tensão dos músculos e ações articulares (Mattos e Neira, 2000).

Existe grande variedade de equipamentos e materiais a serem utilizados na prática dos exercícios aquáticos (AEA, 2001; Aboarrage, 2003; Case, 1998). Para que melhor se entenda a utilização destes materiais, serão comentados alguns tipos, conforme suas características, tendo sempre em mente que o melhor uso deles estará, sempre, na dependência da qualidade de execução do gesto técnico.

Atualmente, há variedade de materiais e equipamentos para diferenciar e complementar as aulas conformes seus objetivos. A seguir, mencionaremos alguns que não estarão classificados neste livro, pois, apesar de seus benefícios, não estão no foco de nosso objetivo, como ergômetros (bicicleta, esteiras e ski), *step*, *jump* e materiais para quedas de arrasto.

O Manual da AEA (2001) estabelece que a decisão final, acerca do uso ou não de equipamentos, é pessoal, devendo-se observar os objetivos individuais, assim como as condições da piscina, na qual os equipamentos serão utilizados. Analisaremos os seguintes tipos: flutuante, resistidos, peso e borracha.

4.3.1 Resistidos/Arrasto

Em geral, esses materiais são fabricados em plástico rígido, têm densidade próxima à da água e seu *design* visa aproveitar a resistência promovida pelo arrasto. Diferente da força do empuxo e da força da gravidade, que sempre atuam na direção vertical, a força de arrasto pode manifestar-se em diferentes direções e sentidos, sempre se opondo ao deslocamento do corpo imerso em meio líquido.

A quantidade de resistência criada por um equipamento de arrasto é determinada pela forma da superfície frontal, na velocidade do movimento, pela turbulência e pela densidade da água (Manual AEA, 2001). Todos esses fatores, sobretudo a forma de superfície pela turbulência, são plenamente influenciados pela maneira como o executante posiciona as partes de seu corpo, em especial as mobilizadas durante a execução do exercício.

Compreendendo o princípio do arrasto, o professor pode manipular variáveis intervenientes na aula e contar com diferentes opções de intensidades individuais, podendo adequar as estratégias em razão do nível de condicionamento do aluno e utilizar o equipamento de forma correta e segura, atentando para a correção dos movimentos corporais, tecnicamente utilizados no mecanismo dos exercícios. Quanto ao processo de observação, deve-se atentar para que as formas de superfícies oferecidas à resistência do meio líquido sejam as mais produtivas possíveis, ou seja, que possibilitem a obtenção dos valores de resistência pretendidos.

Membros inferiores

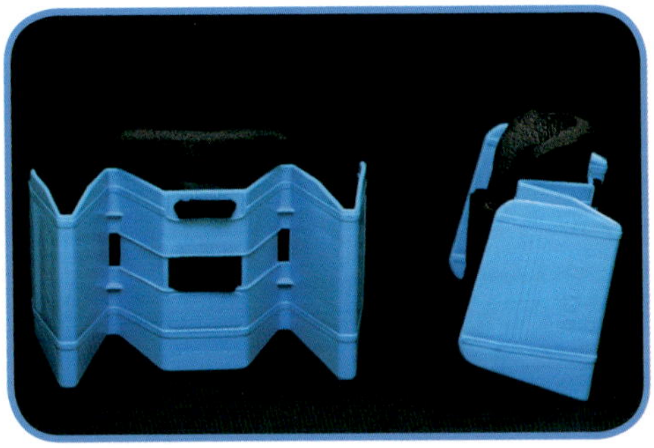

Figura 4.1 Caneleira Hydrotone.

Figura 4.2 Caneleira Aqualogix.

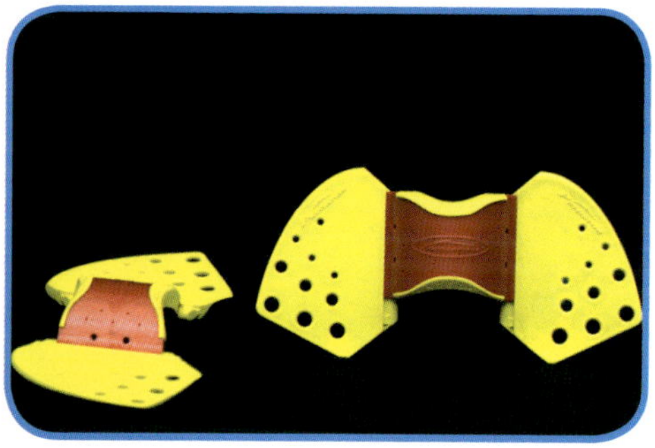

Figura 4.3 Aquafins.

Figura 4.4 Pé de pato.

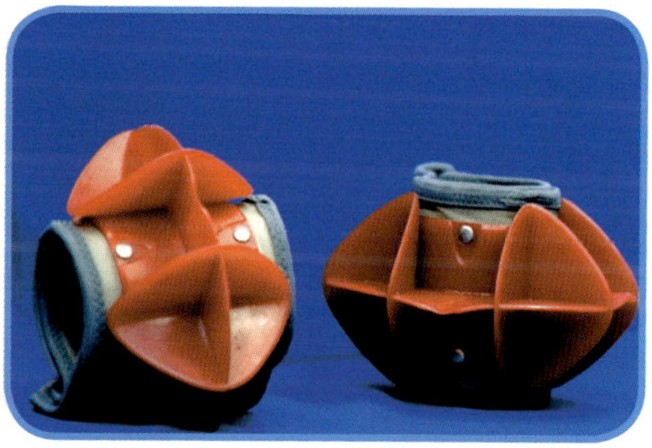

Figura 4.5 Caneleira Hydro boxe.

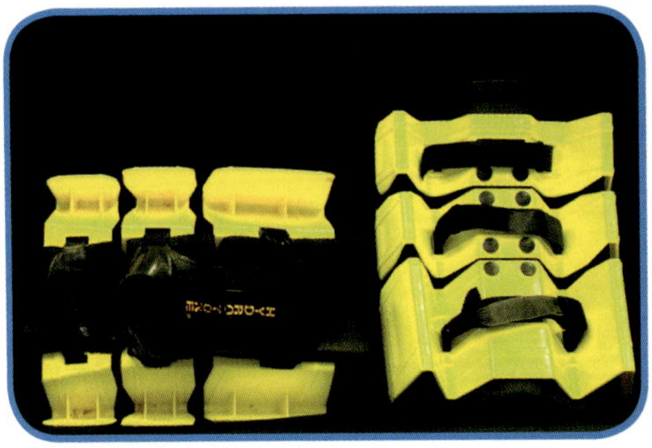

Figura 4.6 Hydroboot / Hydrotone.

Membros superiores

Figura 4.7 Luvas de neoprene.

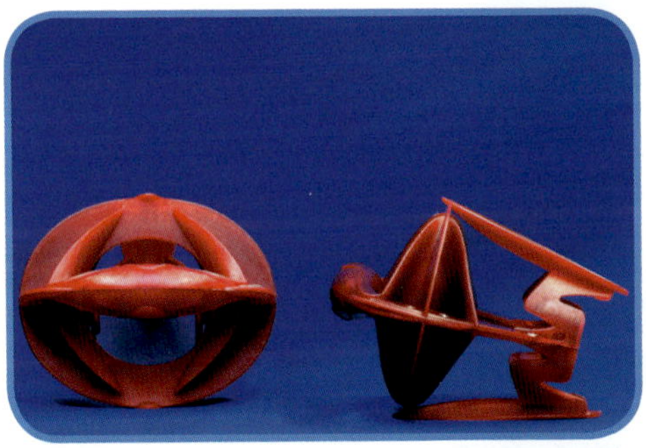

Figura 4.8 Luvas do hydro boxe.

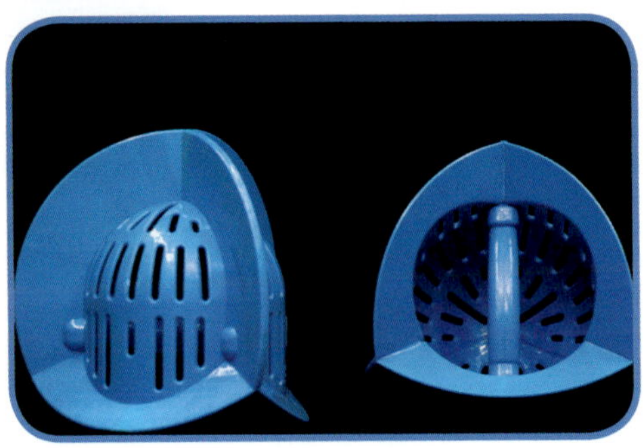

Figura 4.9 Halter Aqualogix.

Figura 4.10 Halter Hydrotone (maior resistência).

4.3.2 Flutuante

Os flutuantes podem ser de dois tipos, quanto a seus propósitos específicos: sustentação e flutuação. Os de sustentação em geral servem para sustentar o corpo, assim como auxiliar a flutuação, durante a execução de exercícios, como os de Deep Water, podendo ser na forma de coletes, cinturões, entre outras formas, para mãos e pés. Os de flutuação têm como característica principal a baixa densidade e, em geral, são usados para criar maior sobrecarga quando os segmentos corporais são deslocados no sentido do fundo da piscina, ou seja, quando o movimento se dá no sentido contrário ao da força de empuxo (Aboarrage, 2003).

Tem sido observado que, de maneira geral, os professores de hidroginástica utilizam-se desse tipo de equipamento sem se ater à sua característica principal: a flutuabilidade, fazendo o uso deste em exercícios nos quais o princípio básico que determina a carga é o da resistência do arrasto. Este tipo de comportamento, na melhor das hipóteses, diminui o potencial de resistência oferecido pela água. É preciso que se tenha em mente que qualquer movimento feito em direção à superfície da água com este tipo de equipamento é agônico ao empuxo, ou seja, é auxiliado por esta força. Em contrapartida, qualquer movimento feito em direção ao fundo da piscina sofre uma resistência. Por isso, este tipo de material trabalha contra a força do empuxo, e não contra o arrasto, a não ser quando utilizado com alta aceleração, diminuindo a atuação do empuxo e usando a área de superfície do material para contrapor a resistência do arrasto.

Figura 4.11 Nuddles (Macarrão).

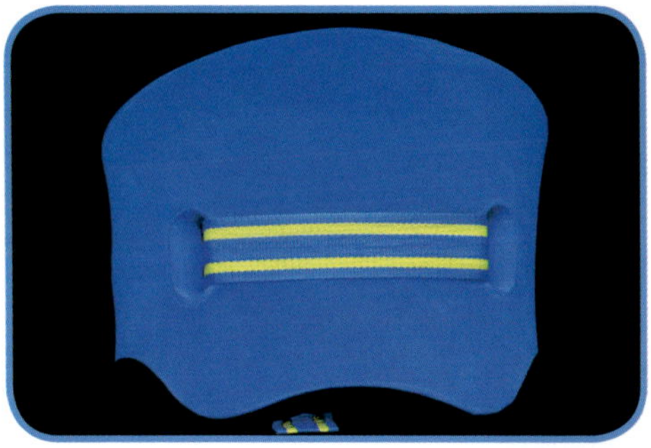

Figura 4.12 Colete flutuante.

Figura 4.13 Halter flutuante.

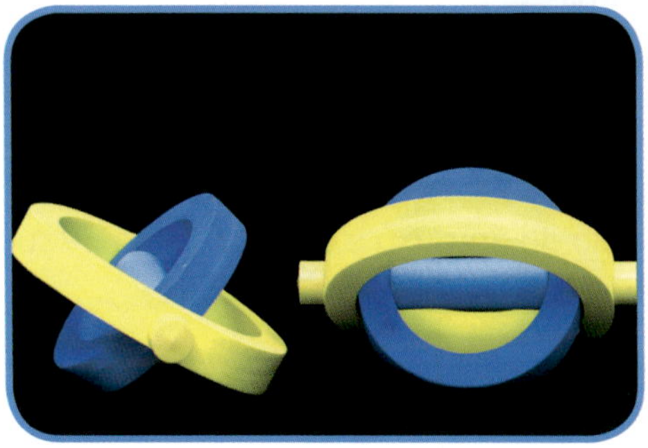

Figura 4.14 Halter globo.

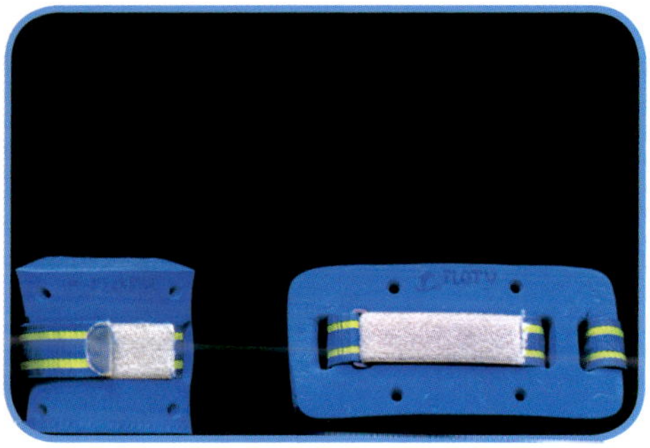

Figura 4.15 Caneleira flutuante.

4.3.3 Peso

Os pesos são, geralmente, fabricados com ferro ou outro material de alta densidade e apropriados para a utilização dentro d'água. Sua utilização é controversa, pois o empuxo causado pela água reduz os efeitos causados pelo peso dentro d'água, mas não os elimina.

Apesar de não ser recomendado pela maioria dos autores, como Aboarrage (2003) e Case (1998), é indicado pela AEA em complemento aos programas de materiais flutuantes pela dificuldade de exercitar os deltóides, abdutores do quadril, iliopsoas e eretores da coluna, uma vez que é difícil trabalhar os adutores grande dorsal, abdominal e glúteos em pé utilizando o peso. Porém, o uso deste material deve ser cuidadosamente bem orientado e supervisionado.

A escolha do peso por alguns professores tem se mostrado freqüente. A tese dos que fazem uso deste é que muitas pessoas que não gostam de trabalhar com os pesos fora d'água toleram o seu uso dentro dela.

Figura 4.16 Caneleira peso.

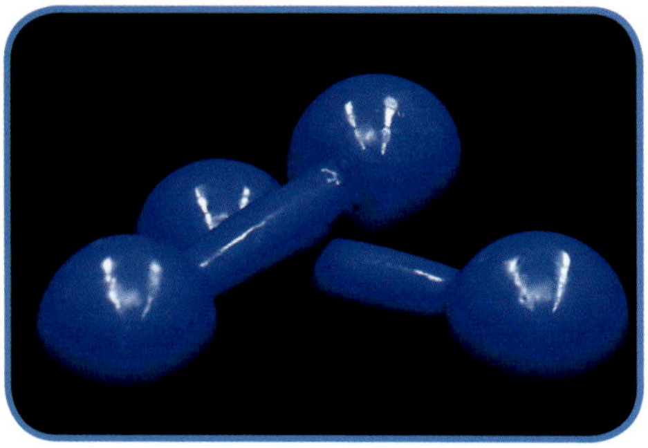

Figura 4.17 Halter peso.

4.3.4 Borracha/Elástico

Podem ser na forma de tubos ou faixas (*bands*). A tensão varia conforme a densidade da borracha utilizada e usa a propriedade elástica como força resistiva. Este tipo de material possui como principal característica promover resistência com aumento progressivo. Como decorrência, quanto mais distante uma extremidade ficar da outra, mais tensão haverá.

Embora o princípio de geração de carga seja diferente, assim como no caso do peso, este tipo de equipamento não utiliza os princípios físicos da água para gerar o efeito resistivo. Muitos professores têm utilizado estes equipamentos para acrescentar variações às aulas e, embora isto seja possível, é necessário entender que, na verdade, trata-se de uma exercitação diferente daquela obtida com outros implementos utilizados em hidroginástica. Sendo assim, não é recomendável que ele seja utilizado na perspectiva de mera substituição, mas como uma estratégia diferenciada das outras, que, por isso mesmo, possivelmente gere resultados também diferentes.

Não obstante as diferenças do mecanismo resistivo, a observação da boa postura no momento da execução dos exercícios é fator de fundamental importância, pois disso decorre que o aluno consiga realizar uma aula eficaz e segura.

Figura 4.18 Banda elástica.

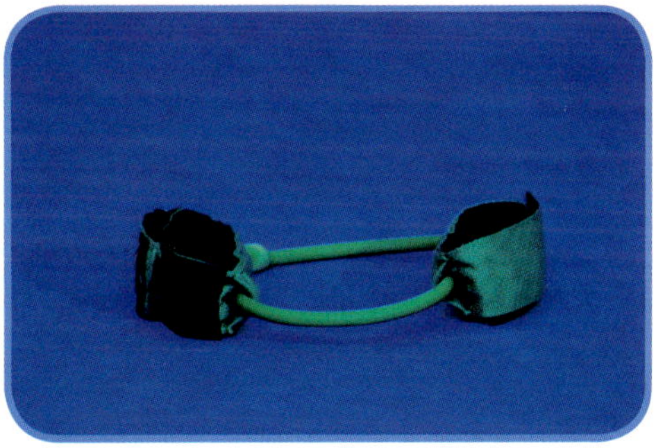

4. 19 Tira elástica para membros inferiores.

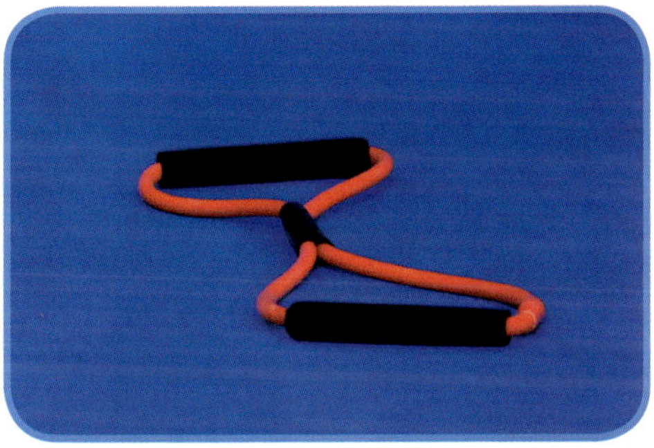

Figura 4.20 Tira elástica para membros superiores.

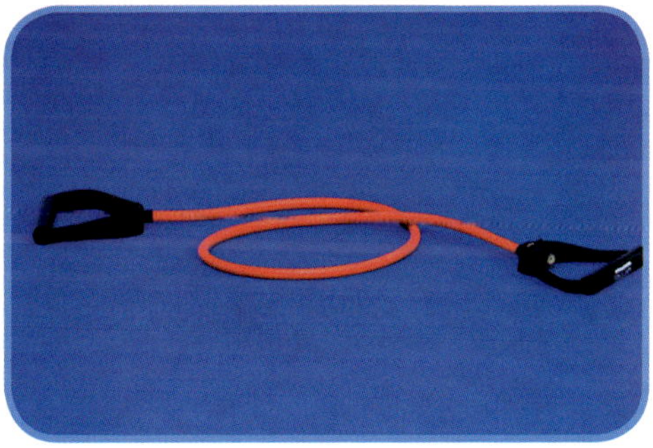

Figura 4.21 Tira elástica para membros superiores.

Para exemplificar as ações musculares promovidas pelos materiais, quando os exercícios são realizados em pé com flexão do quadril (Figuras 4.22 e 4.23), usamos os músculos *quadríceps* e *isquitibiais*.

Quadro 4.1 Ações musculares no meio líquido para diferentes equipamentos

Equipamentos	**Movimento articular**	**Ação Muscular Quadríceps**	**Ação Muscular Isquiotibiais**
Flutuante	Flexão Extensão		Concêntrica Excêntrica
Resistido/Arrasto	Flexão Extensão	Concêntrica Concêntrica	Concêntrica Concêntrica
Peso	Flexão Extensão	Excêntrica Concêntrica	
Borracha/Elástico Ponto fixo baixo	Flexão Extensão	Excêntrica Concêntrica	

Figura 4.22 Flexão do quadril com flexão do joelho.

Figura 4.23 Flexão do quadril com extensão do joelho.

Capítulo 5

treinamento de força e hipertrofia no meio líquido

Fabrício Madureira e Henrique França Rodrigues

A água tem se mostrado por séculos um ambiente fantástico, místico e poderoso. Entretanto, ainda são poucas as pessoas que conhecem profundamente as propriedades deste meio e as infinitas resultantes da interação dele com os organismos biológicos. Recentemente, pesquisadores comprovaram os incríveis efeitos benéficos da interação entre o treinamento de força na água e seres humanos em quadros debilitantes, como osteoporose (Ay e Yurtkuran, 2005, 2003; Devereux, Robertson e Briffa, 2005), reumatismo (Hall, Grant, Blake, Taylor e Garbutt, 2004; Suomi e Collier, 2004), lesões cerebrais (Driver, O'Connor, Lox e Rees, 2004), disfunções respiratórias (Ide, Belini e Caromano, 2005) e a população de idosos (Devereux, Robertson, Briffa, 2005). Entretanto, poucos estudiosos têm direcionado suas energias para entender a relação força e hipertrofia por meio da prática de exercícios aquáticos em indivíduos jovens e sadios. Isto tem ocorrido por diversos fatores, contudo, uma das razões mais debatidas é que o exercício na água não potencializa ganhos significativos de força, diminuindo, assim, as possibilidades de produção de hipertrofia. Tal afirmativa só pode ganhar crédito frente a um razoável desconhecimento de princípios físicos e práticos que circundam os exercícios aquáticos.

Dessa forma, as populações de jovens e adultos que procuram estética pelo aumento da massa muscular, infelizmente ainda passam a ser direcionadas para outras modalidades, como a ginástica localizada e a musculação. Esta situação ainda é comum porque a hidroginástica continua sendo, na grande maioria dos centros de treinamento, uma modalidade de intensidade moderada e ideal para a população idosa, isto é, se não pensarmos na osteoporose, outra negativa é divulgada equivocadamente como fator limitante da modalidade, mas que não fará, por ora, parte do nosso ataque à absurda falta de informação.

Como se não bastasse, vários são os profissionais que, apesar de trabalharem com o meio líquido, são incrédulos quando a pauta da discussão é aumento de força e hipertrofia pela hidroginástica, e isto ocorre porque somos pouco estimulados a repensar paradigmas; na verdade, somos ensinados a reproduzir modelos, padrões e conceitos não fundamentados em ciência, o que tende a se agravar quando o indivíduo não desenvolve o hábito questionador e sistemático da prática.

Como mudar o paradigma da limitação do aumento de força e hipertrofia no meio líquido? Pensamos que, apenas por meio da cultura não conseguiremos, porque as palavras têm pouca força sem os resultados práticos, e é exatamente esta união que fará diferença. Sendo assim, já lançamos o desafio: ler, praticar e criar alternativas para medir as evoluções físicas e cognitivas.

Para aguçar o interesse pelo que se seguirá neste capítulo, acreditamos que está na hora de colocarmos alguns questionamentos e incertezas: as hipotéticas incertezas sobre o treinamento de força e hipertrofia em meio líquido?

Se formos audaciosos o bastante para aceitar as verdades do reino animal aquático, não haverá céticos suficientes para torcer o nariz quando a discussão for força e água, se refletirmos sobre:

- *Força máxima dinâmica*: o animal mais pesado do mundo está na água e, em seu momento de fúria, consegue deslocar até navios, ou seja, centenas de toneladas (baleia);
- *Força explosiva:* só existe um animal na Terra que, pesando mais de uma tonelada, consegue realizar saltos superiores a 5 metros de altura (orca);
- *Força de resistência:* só algumas poucas aves conseguem se igualar à resistência e determinação de um animal marinho (salmão fêmea). Este peixe é capaz de, mesmo prenha, nadar dezenas de quilômetros e, em seguida, subir corredeiras em fúria (levando em conta as pedras e as diversas feridas que são abertas, a resistência da água e a inércia da aceleração da mesma, contrária à trajetória) para, finalmente, parir;
- *Força mental:* o animal com o cérebro mais funcional, aproximando-se do ser humano, também está na água, seu vocabulário é vastíssimo, suas estratégias de caça são incríveis e seu poder de adaptação é extraordinário (golfinho);
- *Força mortal:* todas as pessoas sabem que não devem perder tempo bobeira quando existir a remota possibilidade de encontrar pela frente um animal que tem o tamanho médio de 5 metros, três fileiras de dentes pontiagudos e serreados, uma mandíbula que se projeta para frente, aumentando em mais um terço a amplitude da destruição, dois cremasteres (pênis) e quase uma tonelada de puro músculo (tubarão branco).

Então, é quase impossível acreditar que alguns indivíduos não compreendem o poder da água. Só porque ela se disfarça muitas vezes de lago, será que os incrédulos desconhecem a força de um *tsunami*?

5.1 Entendendo os Fenômenos Força e Hipertrofia

Para entendermos melhor os resultados do treinamento aquático e não nos tornarmos frágeis frente às falácias que insistem em vasculhar este mágico ambiente, precisamos compreender certas definições.

5.1.1 Força

É a capacidade de exercer tensão por parte de determinado músculo contra determinada resistência (Guedes Jr., 2003). Esta capacidade é um pré-requisito básico para desempenhar qualquer tipo de atividade motora e está altamente ligada aos componentes internos nos músculos estriados esqueléticos (fatores musculares e neurais), tendo relação entre os músculos que desempenham a tarefa (coordenação intramuscular e intermuscular).

Neste momento, aproveitamos a oportunidade para esclarecer que músculo não possui olhos. Desta forma, ele é incapaz de saber se a resistência que lhe é oferecida é sólida ou líquida.

Weineck (1998) sugere que a capacidade *força* seja dividida em três modalidades principais: *resistência de força*, *força rápida* e *força máxima*. Já Guedes Jr. (2003) e McArdle (2001) sugerem a existência de uma quarta modalidade, denominada *força absoluta*. A seguir, um breve resumo sobre estas modalidades de força.

- *Resistência de força*: capacidade que o indivíduo possui de manter o gesto motor em intensidade elevada por um período de tempo, até atingir a fadiga. Essa característica bem trabalhada no indivíduo pode aprimorar a manutenção da velocidade e da amplitude do movimento por toda a série de execução, tornando-o mais eficiente para potencializar a hipertrofia. Esse tipo de capacidade é treinado em séries em que as cargas são mais baixas e o volume de repetições, mais alto;

• *Força rápida*: capacidade de o indivíduo realizar um gesto motor na maior velocidade possível;
• *Força máxima*: capacidade de o indivíduo realizar um único movimento, com a maior força empenhada pelo sistema musculoesquelético. Essa característica potencializa o sistema muscular do atleta em responder a cada gesto motor, fazendo que o indivíduo desempenhe cada série proposta durante o programa, com a maior força possível (ação voluntária máxima). A força máxima ainda pode ser dividida em duas: *força máxima estática* e *força máxima dinâmica*;
• *Força absoluta*: esse tipo de força está relacionado à capacidade do indivíduo de realizar esforços extremos em situações de perigo (risco de morte), sendo a resultante da soma da força máxima voluntária com a reserva neuromuscular.

5.1.2 Hipertrofia

É o aumento da secção transversa de cada fibra muscular, resultante do treinamento de força. Segundo Mcardle (2001), Guyton, Hall (1998) e Hamill (2002), o processo de hipertrofia ocorre pelo aumento da síntese das proteínas internas do músculo (actina e miosina, prioritariamente) e o aumento das miofibrilas celulares, ocasionando, assim, aumento do diâmetro da célula.

Agora aplicaremos esse fenômeno na prática. No dia seguinte ao primeiro dia de treinamento de um indivíduo sedentário na academia, a dor muscular é uma realidade dolorida. Isto acontece porque o músculo entende qualquer tipo de sobrecarga como *stress* metabólico, e durante a sessão de exercícios ocorre um fenômeno chamado *catabolismo muscular*. Em razão das cargas diferenciadas ao cotidiano do indivíduo, a musculatura sofre algumas microrupturas no tecido contrátil, produzindo pequenos processos inflamatórios que, por sua vez, causam essa sensação de dor. Isso é benéfico!

Essas modificações internas farão que os músculos se adaptem a estágios de condicionamento mais elevados, gerando maior hipertrofia e, conseqüentemente, potencializando a estética e a saúde.

Existem dois tipos de hipertrofia: *miofibrilar* e *sarcoplasmática*.

- *Miofibrilar*: é ocasionada pelos fenômenos relacionados acima, principalmente pela sobrecarga tensional (baixo volume de repetição e sobrecarga alta). Particularmente neste capítulo, iremos nos concentrar neste tipo especial de hipertrofia;
- *Sarcoplasmática*: é ocasionada pelo aumento dos componentes celulares e hidratação celular, principalmente pela sobrecarga metabólica (volume alto e baixa sobrecarga). Esse segundo tipo de hipertrofia é muito observado em programas que se utilizam de séries com longo período de tempo (45 segundos, 1 minuto, de execução) ocasionando baixa na carga por repetição. Muitos programas de hidroginástica se utilizam desse tipo de recurso em suas aulas.

É necessário deixar claro que o volume de repetições de um exercício em uma série é inversamente proporcional à capacidade do músculo em promover força. Por essa razão, há a necessidade de se explorar melhor as execuções, cargas, séries e intervalos. Só assim conseguiremos maximizar a hipertrofia no treinamento aquático. Sobre isto, discutiremos mais profundamente nos tópicos 5.4 e 5.5.

As resultantes da hipertrofia, segundo Guedes Jr. (1997), são:

- Aumento no número e tamanho das miofibrilas por fibra muscular – síntese protéica (sobrecarga tensional – miofibrilar);
- Aumento da quantidade total de proteína, particularmente no filamento de miosina;
- Aumento da densidade capilar;
- Aumento da quantidade de tecido conjuntivo, tendinoso e ligamentoso;
- Modificação bioquímica, provocando aumento do ATP-CP, glicogênio, mitocôndrias, várias enzimas e água (sobrecarga metabólica – sarcoplasmática).

Apresentaremos a seguir resultados práticos de programas de treinamento estruturados na potencialidade do aumento da força em seres humanos.

5.2 Benefícios Correlacionados ao Aumento da Força

A hidroginástica apresenta-se como uma modalidade de extraordinária diversidade metodológica, graças à incrível capacidade criativa dos profissionais que atuam nesta área, bem como as magníficas características do meio ambiente aquático. Desta forma, existem programas que são elaborados para melhoras do sistema cardiovascular, outros para aprimoramento da mobilidade geral, para entretenimento e lazer, com finalidades terapêuticas e de interações sociais. Entretanto, no mundo do *fitness* aquático, ainda são limitadas as propostas que foquem essencialmente o treinamento de força. Em uma rápida revisão, podemos encontrar diversos estudos mostrando os incríveis benefícios advindos deste tipo de treinamento para indivíduos em diferentes condições físicas e faixas etárias. A seguir, mostraremos alguns benefícios de programas focados no treinamento de força:

- ↑ Massa magra e flexibilidade (Tsourlou et al., 2006);
- ↑ Densidade óssea (Teng e Herring, 1998; Prentice e Jebb, 2001);
- ↑ Velocidade de marcha (Fiatarone, 1990);
- ↑ Velocidade para subir escadas (Raso, 2000);
- ↑ Capacidade de levantar e carregar (Bronw et al., 1990);
- ↑ Equilíbrio (Parsons et al., 1992);
- ↑ Funções vitais em pacientes com doença renal (Headley et al., 2002);
- ↑ Percepção corporal (Katic et al., 2002);
- ↑ Autoconfiança (Fleck e Kraemer, 1999);
- ↑ Auto-estima (Tsukahara, 1994);
- ↑ Correlação inversa com a quantidade de tecido adiposo intra-abdominal (Treuth, 1983);
- ↓ Predisposição para quedas (Ueno, 1999);
- ↓ Lesões ósteo-articulares (Song et al., 2002);
- ↓ Riscos de fraturas (Tsukahara et al., 1994);
- ↓ Tempo de reação (Hunter et al., 2001);
- ↓ Gordura intramuscular (Sipila e Suominen, 1995);
- ↓ Gordura corporal total (Treuth et al., 1994).

Se refletirmos sobre as vantagens apresentadas, podemos sugerir que o treinamento de força deveria ser uma variável imprescindível em qualquer programa de treinamento que focasse a promoção de saúde. Desta forma, o desenvolvimento de programas que maximizem a força no ambiente aquático deve ser estimulado e testado. No entanto, deve-se ressaltar que, quando tratamos das influências socioculturais, podemos afirmar, sem sombra de dúvidas, que a estética tem sido uma variável humana de grande cobiça para o público jovem e de meia-idade.

5.3 Hipertrofia e Estética

A incidência de obesidade nos últimos 50 anos tem aumentado significativamente, e, com este crescimento, problemas como hipertensão, maior resistência à insulina, restrições ventilativas, níveis plasmáticos anormais de lipídios, doença vesicular, sobrecarga psicológica e baixa auto-estima ganham cada vez mais notícias em nossos meios de comunicação.

No entanto, uma das estratégias que podem reverter este quadro é o treinamento de força, isto é, as atividades de alta intensidade acabam por promover micro-rupturas do tecido muscular e acúmulo de grandes quantidades de lactato, que deverão ser reparadas e removidas, respectivamente, mobilizando as gorduras como substrato energético, mesmo quando o indivíduo não está treinando.

Além disso, os exercícios de alta intensidade têm o potencial de aumentar os níveis de hormônio de crescimento e testosterona que, por sua vez, fazem uso maior de gorduras para a produção de energia.

Finalmente, o músculo é um tipo de tecido que consome muita energia para a manutenção da sua estrutura e função, portanto o indivíduo que tem maior massa muscular passa a ter maior metabolismo basal.

Sendo assim, a palavra estética está intimamente ligada ao treinamento de força. Desse modo, se você busca uma melhora significativa nas suas formas ou nas formas corporais de seus alunos, pouco adianta jogar agüinha para lá e dar gritinhos para cá.

O segredo está em treinar bastante e com muita seriedade; isto, por si só, não isenta os momentos de descontração e diversão, típicos de programas de treinamentos, nos quais os resultados almejados pelos alunos tornam-se visíveis e satisfatórios.

Treino, estética e a vida

Mais um dia de treino...

Quando acordo penso em várias coisas, entretanto, em uma escala hierárquica que acredito ser a ideal, pensar primeiro em mim, depois nas pessoas que me rodeiam, meus afazeres, as pessoas que partiram etc. Pensar primeiro em você mesmo parece ser a solução para a maioria de todos os problemas que vão surgir na nossa vida, mas lembre-se: não estamos sozinhos, e é exatamente quando pensamos em nós que a resultante desta atitude será sempre os outros.

Na vida social e profissional, isto pode ser bom ou ruim, depende das trilhas que você decide fazer. Mas, no treinamento físico, as conseqüências serão somente boas, isto é, quando pensamos em nós e a necessidade de programar nossos dias e tempo, para nosso corpo, estamos construindo uma equação, na qual as conseqüências serão sempre positivas. Sendo assim, quando treinarmos intensamente, as conseqüências são:

- Sentir-se melhor, pois ficaremos menos doentes... E se ficamos mais fortes (saúde), podemos ajudar muito mais pessoas e por muito mais tempo;

Obs.: quem não treina pode ser visto como um egoísta sem princípios humanos.

- Ficaremos mais bonitos, porque trocaremos gordura por músculo, e músculo é FORMA. Qual a conseqüência? Gostaremos ainda mais de nós mesmos;
- As pessoas de que gostamos gostarão ainda mais de nós, porque o lado interno (seu "eu") estará muito bem empacotado (corpo físico) e, portanto, ainda mais desejado. Acredite, este é um dos melhores presentes que podemos dedicar àqueles que amamos;
- As pessoas que não gostam de você torcem para que seu corpo fique murcho e caído o mais rápido possível, não é? Esta é a vitória deles. Entretanto, se estes sanguessugas observarem você em seu corpo esculpido, entrarão no ciclo do suicídio mental.
- Quanto aos que ainda não conhecem você... Seu corpo ainda e provavelmente sempre será seu melhor cartão de visita, é assim na natureza há milhões de anos. As pessoas confiam naquilo que vêem.

Portanto, ao acordar, respire o desejo da vitória (vida) e leve seu corpo ao máximo da atração. Se Deus nos deu este dom, por que ignorá-lo? Não seria isto um pecado mortal?

Whitesharkman

5.4 Pesquisas Sobre Força e Hipertrofia por Meio do Treinamento Aquático em Indivíduos Jovens e Sadios

Neste momento, faremos uma breve revisão sobre 12 estudos, nos quais os pesquisadores têm focado seus objetivos na investigação da relação força e treinamento aquático. Após a leitura desses resumos, o mito da não-eficiência do treinamento na água para o desenvolvimento significativo da musculatura terá ido por água abaixo.

5.4.1 The Efficacy of Aquatic Exercise in Increasing Strength

Autores: White e Smith

Publicação: Sports Med. Training and Rehab (1999)

O objetivo desta pesquisa foi determinar a eficácia do exercício aquático no aumento da força. O experimento foi realizado com uma amostra composta por quatro homens e quinze mulheres, com média de idade de 29 anos, que foram subdivididos em dois grupos (controle e experimental). O programa teve duração de oito semanas, com prática de três vezes por semana. As medidas de força foram feitas por meio de aparelho isocinético.

Resultados: Os aumentos de força ocorreram apenas no grupo de exercícios aquáticos, com melhoras estatisticamente significativas para flexão dos joelhos a 180° e extensão dos joelhos para 90, 120 e 180°; flexão de cotovelo a 120° e extensão de cotovelo a 90°; e abdução do ombro a 120° e adução do ombro a 90°.

5.4.2 Effects of Aquatic Resistance Training on Neuromuscular Performance in Healthy Women

Autores: Pöyhönen, Sipilä, Keskinen, Hautala, Savolainen e Mälkiä

Publicação: Medicine e Science (Sports e Exercise, 2002)

O objetivo da pesquisa foi verificar os efeitos de um programa de dez semanas de treinamento de força progressivo na água em mulheres saudáveis. O grupo foi formado por 24 mulheres com média de idade de 33 anos, todas praticantes de atividade física regular. O grupo foi subdividido em controle e experimental. As variáveis estudadas foram torque isométrico, torque isocinético, ativação neural e área de secção transversa muscular.

Resultados: Ocorreu aumento no torque máximo isocinético e isométrico, aumento da ativação neural proporcional ao torque, aumento da massa muscular do quadríceps e isquiotibiais, e adaptações funcionais e hipertróficas.

5.4.3 Treinamento de Força no Meio Líquido

Autores: Guedes Jr., Rocha, Gherardi e Madureira

Publicação: Congresso Internacional da FIEP-BULLETIN – Foz do Iguaçu (2003)

O estudo foi realizado com quatro mulheres saudáveis e ativas fisicamente, com idades entre 17 e 18 anos, todas universitárias, cujo principal objetivo foi analisar as modificações na força muscular de indivíduos submetidos ao programa *water force*. O treinamento foi realizado três vezes na semana, com duração de três meses (12 semanas), e cada sessão teve a duração de 40 minutos.

Resultados: Aumento percentual da força de 27% no aparelho supino, 15,5% no puxador frente e 29,6% no aparelho *leg-press*. Estes dados demonstraram que o programa *water force* foi eficiente para aumento da força muscular localizada.

5.4.4 Treinamento Resistido no Meio Líquido: Seus Efeitos na Força Máxima Dinâmica de Membros Superiores e Inferiores

Autores: Gherardi, Rocha, Vilarinho, Barbosa, Guedes Jr. e Madureira

Publicação: Revista ENAPEF – Congresso Latino Americano de Educação Física – Capão da Canoa (2004)

O objetivo deste estudo foi analisar as modificações causadas pelo programa *water force* na força máxima dinâmica de membros inferiores e superiores para indivíduos de ambos os sexos. Para isso, foram selecionados 20 indivíduos sadios, de ambos os sexos, com idade média de 22 anos. Durante três meses, a amostra treinou o programa *water force* três vezes por semana, com duração de 35 minutos cada sessão.

Resultados: aumento significativo na força máxima dinâmica para membros superiores de 11%, e, para membros inferiores, de 44%. Sendo assim, esse método parece ser eficiente para o aumento desta variável.

5.4.5 Modificações Morfológicas Decorrentes do Treinamento de Força no Meio Líquido

Autores: Vilarinho, Gherardi, Rocha, Barbosa, Guedes Jr. e Madureira

Publicação: Fórum Internacional de Qualidade de Vida – Curitiba (2004)

O objetivo deste estudo foi verificar as modificações morfológicas (composição corporal) proveniente do treinamento resistido no meio líquido (*water force*). Participaram desta pesquisa 20 indivíduos sadios de ambos os sexos, com idade média de 22 anos, todos universitários. Durante três meses, a amostra treinou o programa *water force* três vezes por semana, com duração de 35 minutos cada sessão, nas quais foi avaliada, antes e depois do treinamento, a circunferência de braço e perna, juntamente com as dobras cutâneas, para verificar se houve ou não hipertrofia muscular após a submissão ao treinamento.

Resultados: hipertrofia muscular de 0,74 cm^2 para os homens e de 0,20 cm^2 para as mulheres, quando comparados com o início do programa. Portanto, o programa pode ser eficiente para potencializar a estética dos praticantes.

5.4.6 Análise da Resposta do Treinamento Resistido no Meio Líquido para Membros Inferiores de Jogadores de Futsal Profissional

Autores: Rodrigues, Guedes Jr. e Madureira.

Publicação: Revista ENAPEF – Congresso Latino Americano de Educação Física – Capão da Canoa (2004)

O presente estudo teve como objetivo quantificar os efeitos do trabalho resistido no meio líquido para membros inferiores em jogadores de futsal. Participaram como voluntários 17 jogadores da Seleção Santista, com idades entre 18 e 23 anos, todos praticantes da modalidade há mais de 10 anos. Os indivíduos treinaram o programa 3 vezes por semana, com sessões de 50 minutos, durante 3 meses.

Resultados: O treinamento potencializou em 57% a força máxima. Considerando que a amostra já era muito condicionada, podemos levantar a hipótese que indivíduos sedentários podem ter efeitos muito maiores nesta condição.

5.4.7 Comparação do Treinamento Abdominal Dentro e Fora d'Água

Autores: Rocha, Dubas, Guedes Jr. e Madureira

Publicação: Congresso Internacional da FIEP-BULLETIN – Foz do Iguaçu (2004)

A grande maioria da população realiza exercícios abdominais fora d'água, sendo pouco explorados no meio líquido. Com base nestes dados, o presente estudo teve como finalidade obter maiores informações sobre a eficiência do treinamento abdominal dentro d'água. A amostra foi constituída por 23 voluntários, com idade média de 25 anos ± 3, aparentemente saudáveis e não praticantes de atividade física regular, sendo divididos em dois grupos: um que realizava treinamento na água (A) e outro que realizava o treinamento em terra (T). O programa de treinamento abdominal foi realizado três vezes por semana, durante 14 semanas.

Resultados: Após o término do treinamento, os resultados mostraram ajustes de força de mesma magnitude aos encontrados com o treinamento em terra. Portanto, esta proposta de treinamento pode ser de grande valia para o fortalecimento da musculatura abdominal, prevenindo, assim, o surgimento de dores nas costas.

5.4.8 The Effects of Land vs. Aquatic Plyometrics on Power, Torque, Velocity, and Muscle Soreness in Women

Autores: Robinson, Devor, Merrick e Buckworth

Publicação: Journal of Strength and Conditioning Research (2004)

Metodologia: 32 colegiais, com média de idade de 27 anos, foram divididas em dois grupos (terra e água), treinando pliometria com cargas idênticas por oito semanas.

Resultados: Apesar dos dois grupos melhorarem de forma estatisticamente significativa, na relação pré e pós-experimento, não foram encontradas diferenças entre os grupos para as seguintes variáveis: pico de salto vertical, velocidade em um *sprint* de 40 metros e pico de torque para 60º s^{-1}. Entretanto, os autores perceberam que a dor muscular tardia após 48 e 96 horas era menor no grupo que treinou na água.

5.4.9 Modificações na Antropometria e Composição Corporal de Jogadores de Futsal Profissional Submetidos a Treinamento de Pliometria Aquática

Autores: Rodrigues, Vilarinho, Guedes Jr. e Madureira

Publicação: Encontro Nacional de Atividade Física – ENAF – 2005

O objetivo deste estudo foi averiguar as modificações na composição corporal de jogadores de futsal profissional submetidos ao treinamento de pliometria aquática, que faz parte do programa *water force*. A amostra foi caracterizada por dez jogadores da categoria sub-20, com idade entre 18 e 20 anos, todos praticantes da modalidade há mais de 10 anos. Foram analisadas as seguintes variáveis: massa corporal, circunferências de coxa e perna e dobras cutâneas. O programa contou com sessões de 30 minutos de saltos alternados com corrida em piscina aquecida, com 1,40 m de profundidade.

Resultados: Foram encontradas diferenças significativas na composição corporal, com ganhos de 2,37 kg de massa isenta de gordura, 2,3 cm de circunferência de coxa, 1,7 cm de circunferência de perna, 1 kg de massa corporal (peso) e redução de 2,3% no percentual de gordura, mostrando que a pliometria aquática pode ser uma forma eficiente de modificar a composição corporal, com menor risco de lesões, quando comparada ao mesmo tipo de treinamento fora d'água.

5.4.10 Alterações na Força Máxima Dinâmica, Antropometria e Área de Secção Transversa Muscular em Jovens e Adultos Após Programa de Treinamento de Força na Água (*water force*)

Autores: Vilarinho, Pereira, Guedes Jr., Souza Jr. e Madureira

Publicação: Congresso Brasileiro dos Países de Língua Portuguesa (2006)

A amostra foi formada por oito homens, com média idade de 24,8 anos, selecionados de forma aleatória. Os indivíduos participaram do programa WF durante 6 meses, no qual realizavam um aquecimento de 10 minutos, formado por exercícios calistênicos ou natação. A parte principal era constituída de séries de exercícios de força, nas quais os principais grupos musculares eram trabalhados em dias alternados. A freqüência foi de cinco vezes semanais, com dois dias de descanso. Foi mensurada, pré (PR) e pós-treinamento (PS), a força máxima dinâmica pelo protocolo de 1AVMD (ação voluntária máxima dinâmica) para o exercício supino reto.

Resultados: Massa corporal (kg): PR, 72,8; PS, 72,6; variação percentual (ä_REL),-0,2%. Supino Reto (kg): PR, 74,8; PS, 80; ä_REL,7,2%. Circunferências (cm). Braço: PR, 31,2; PS, 33,5; ä_REL,7,2%. Antebraço: PR, 26,8; PS, 28; ä_REL,4,3%. Cintura: PR, 81,5; PS, 79; ä_REL,-2,9%. Abdômen: PR, 81,4; PS, 81,7; ä_REL,0,5%. Coxa: PR, 54,4; PS, 56,2; ä_REL, 3,3%. Perna: PR, 36,7; PS, 37,7; ä_REL,2,9%. Área de Secção Transversa de Braço (cm^2): PR, 66,7; PS, 78,3; ä_REL,17,2%. Coxa (cm^2): PR, 176,2; PS, 196,2; ä_REL,11,19%. Podemos concluir que o programa WF se mostrou eficiente no aumento da força dinâmica, no aumento das circunferências musculares e no ganho de área de secção transversa de braço e coxa.

5.4.11 Influência de um Programa de Força na Água (*water force*) na Especificidade do Nado Sincronizado

Autores: Rodrigues, Martins, Guedes, Campi, Guedes Jr., Madureira

Publicação: Revista ENAF Science, Poços de Caldas (2006)

A amostra foi composta por 12 atletas de nado sincronizado do sexo feminino, com médias de idade de 15 ± 2 anos e altura de 1,69 ± 5, todas as atletas da modalidade com, no mínimo, cinco anos de prática e integrantes da equipe vice-campeã brasileira, categoria Júnior. Neste experimento, foi aplicada uma bateria de testes específicos do nado sincronizado antes e depois do treinamento.

Resultados: Os resultados demonstram uma melhora significativa entre o pré e pós-treinamento para os testes de potência de palmateio em figuras de -15,31 (0,88) segundos para p = 0,0003; para o teste de resistência de *egg beater*, houve uma melhora de 13,85 (0,51) segundos para p = 0,0004; para o teste de resistência de suporte, a diferença positiva foi de 4,26 (1,31) segundos para um p = 0,01; e para o teste de explosão de alçada, houve diferença de 10,58 (0,51) centímetros para p = 0,0002. O teste de potência de palmateio não mostrou diferença significativa entre o pré e pós-teste.

Conclusão: O programa *water force* pode ser uma alternativa mais específica para o treinamento de força para atletas que praticam NS.

5.4.12 Alterações Morfofuncionais Decorrentes do Treinamento de Força em Duas Modalidades: Musculação e Hidroginástica

Autores: Madureira, Vilarinho, Pereira, Guedes Jr. e Souza Jr.

Publicação: Revista ENAF Science – Aquatic Exercise Association – Águas de Lindóia (2006)

A amostra foi composta por 31 indivíduos, divididos em dois grupos (musculação e hidroginástica). O estudo teve a duração de 24 semanas, e não foi permitida a utilização de recursos ergogênicos durante o experimento.

Resultados: Para a massa corporal, houve uma interação estatisticamente significante entre ambiente e período de treino

(Tabela 5.1), de maneira que no grupo *musculação* observou-se um aumento médio de 3,34 kg na massa corporal. Por sua vez, no grupo *hidroginástica* a massa corporal apresentou uma redução média de 0,76 kg, indicando que o comportamento da massa corporal em razão do treino pode depender do tipo de treino empregado.

Tabela 5.1 Descrição da massa corporal de acordo com o período e método de treino

Método de Treino	**Massa Corporal (kg)**	
	Pré	**Pós**
Musculação	66,97 (11,27)	68,70 (11,33)
Hidroginástica	66,29 (10,60)	65,96 (11,28)*

Os dados são apresentados na forma de média (desvio padrão).
*Interação estatisticamente significante (P= 0,0106), entre período e ambiente.

A circunferência do braço apresentou um aumento médio de 1,67 cm. Tal aumento foi similar entre os tipos de treino. Já na circunferência do antebraço, o aumento foi discretamente inferior (~0,9 cm), porém significativo e similar entre os grupos (Tabela 5.2).

Tabela 5.2 Descrição da circunferência de braço e antebraço de acordo com o período e método de treino

Método de treino	**Braço (cm)**		**Antebraço (cm)**	
	Pré	**Pós**	**Pré**	**Pós**
Musculação	28,48 (2,94)	30,19 (2,87) ¤	24,93 (2,01)	26,24 (2,24) ¤
Hidroginástica	28,74 (3,09)	30,38 (3,86) ¤	24,92 (2,35)	25,73 (2,77) ¤

Os dados são apresentados na forma de média (desvio padrão).
¤ Indica diferença estatisticamente significante ($P \leq 0,0001$) em relação ao pré-treino.

Ao se avaliar o efeito de ambos os programas de treinamento sobre as circunferências relacionadas ao acúmulo de gordura central, verificou-se uma redução significativa (~1 cm) na circunferência da cintura, porém não se observou nenhuma alteração significativa na circunferência abdominal (Tabela 5.3).

Tabela 5.3 Descrição da circunferência de cintura e abdômen de acordo com o período e método de treino

Método de treino	Cintura (cm)		Abdômen (cm)	
	Pré	Pós	Pré	Pós
Musculação	73,91 (6,94)	74,15 (5,78)*	79,31 (6,61)	79,15 (6,94)
Hidroginástica	76,19 (8,78)	74,51 (7,34)*	79,18 (7,63)	79,28 (7,47)

Os dados são apresentados na forma de média (desvio padrão).
* Indica diferença estatisticamente significante (P = 0,0402) em relação ao pré-treino.

Tanto para a circunferência de coxa quanto para a circunferência de perna, foram observados aumentos significativos de 2,1 e 0,9 cm, em média, respectivamente. Tais aumentos foram observados em ambos os métodos de treino (Tabela 5.4).

Tabela 5.4 Descrição da circunferência de coxa e perna de acordo com o período e método de treino

Método de treino	Coxa (cm)		Perna (cm)	
	Pré	Pós	Pré	Pós
Musculação	52,02 (3,39)	54,61 (4,23) ¤	34,99 (2,23)	35,93 (2,01) ¤
Hidroginástica	53,79 (3,94)	55,48 (3,92) ¤	36,12 (2,70)	36,96 (2,86) ¤

Os dados são apresentados na forma de média (desvio padrão).
¤ Indica diferença estatisticamente significante (P ≤ 0,0001) em relação ao pré-treino.

Para a soma de dobras cutâneas, foi observada uma redução média de 2,3 mm em razão do treinamento. Tal alteração foi similar entre ambos os métodos de treino, como demonstrado na Tabela 5.5.

Tabela 5.5 Descrição da soma de dobras cutâneas de acordo com o período e método de treino

Método de Treino	Soma de dobras cutâneas (mm)	
	Pré	Pós
Musculação	50,93 (23,51)	48,29 (21,05)*
Hidroginástica	54,62 (26,57)	52,50 (26,89)*

Os dados são apresentados na forma de média (desvio - padrão).
* Indica diferença estatisticamente significante (P = 0,0346) em relação ao pré-treino.

A área de secção transversa apresentou aumentos significativos tanto para membros superiores quanto para membros inferiores. Nos braços, observou-se aumento médio de 7,6 cm^2; na coxa, tal aumento foi de 19,56 cm^2 (Tabela 5.6).

Tabela 5.6 Descrição da área de secção transversa de braço e coxa de acordo com o período e método de treino

Método de treino	ASTM do braço (cm^2)		ASTM da coxa (cm^2)	
	Pré	Pós	Pré	Pós
Musculação	49,71 (15,88)	57,75 (16,95) ¤	136,18 (32,80)	158,83 (42,28) ¤
Hidroginástica	51,34 (17,09)	58,55 (22,18) ¤	140,64 (42,97	157,00 (45,46)¤

ASTM: área de secção transversa muscular.
Os dados são apresentados na forma de média (desvio padrão).
¤ Indica diferença estatisticamente significante ($P \leq 0,0001$) em relação ao pré-treino.

5.4.13 Conclusão

Não houve nenhuma diferença significativa nos resultados para as variáveis estudadas, exceto para a massa corporal. Quando comparadas à musculação e à hidroginástica, os resultados indicam que a hidroginástica pode proporcionar resultados similares aos encontrados quando se pratica musculação. Os ajustes neuromusculares e morfofuncionais ocorrem por um aumento progressivo da carga a ser vencida, e não em razão do tipo de modalidade de força, hidroginástica ou musculação. Desta forma, podemos sugerir que programas de hidroginástica elaborados para a maximização da força e hipertrofia, como o desenvolvido neste experimento, têm o potencial de produzir ajustes significativos na hipertrofia muscular, bem como mudanças positivas na composição corporal.

Os 12 trabalhos apresentados ratificam solidamente a idéia de que os treinamentos de força e hipertrofia em indivíduos jovens e sadios são funcionalmente eficientes. Entretanto, cabe ressaltar que a maior "limitação" ou desafio do treinamento aquático é que os resultados dependem única e exclusivamente do indivíduo. Isto é, quando utilizamos exercícios tradicionais desenvolvidos em meio terrestre, nosso organismo está sujeito à força gravitacional (atração de massa em direção ao centro da terra); desta forma, imaginando atividades como a ginástica localizada ou a musculação, pode-se afirmar que as cargas externas (halteres, máquinas etc.) são os principais responsáveis pela produção de resistência, ficando o organismo humano "passivo" a estas cargas. Esta resistência é consistente e de pouca variação durante a execução do movimento, porém, na água, a resposta é oposta, isto é, a magnitude da carga depende da intensidade com que o indivíduo realiza seu movimento contra a água. Neste sentido, a resistência é flexível e pode apresentar-se bastante variável, portanto no meio líquido a construção de cargas depende de domínio corporal muito significativo por parte do aluno (Rocha et al., 2005).

As diferenças citadas no parágrafo anterior transformam o treinamento aquático em um programa fantástico, que leva o praticante a se auto-superar a cada repetição, moldando as cargas automaticamente ao esforço exercido por ele. Não existe uma modalidade que possa se aproximar a um feito tão incrível.

Treino como para uma guerra

Antes de iniciar sua batalha (treino)... reflita.

Quem você é? O que quer com esta guerra?

Acreditem...

Muitos fracos e incrédulos, neste momento, desistem, e mil "boas" desculpas surgem com facilidade.

Isto é humilhante, isto é ser covarde com a vida e seu destino, isto é repugnante.

Entretanto, os fortes vêem nesta fase um momento de definição em sua caminhada rumo ao sucesso...

Danem-se os afazeres, danem-se os erros, danem-se as incertezas...

Esta é a sua hora; ninguém, nem nada, pode atrapalhá-lo.

Este é o momento de acreditar que podemos alcançar o que é desejado.

Então, sinta a água ao redor do seu corpo, ela convida você para a guerra.

E o que você vai fazer?

Lamentar-se, ignorá-la ou aceitar seu destino e intimá-la para uma batalha final?

Como um guerreiro(a) que corre para seu último combate, conduza a cada série seus músculos, ao máximo de esforço.

Até que, inevitavelmente, chegará à hora da fadiga total...

"A sensação de extermínio tomará o seu corpo, neste momento, e somente neste momento você sentirá o dom divino da ressurreição".

Pois renascereis, a cada término de combate, ainda mais forte e determinado a novas batalhas. Esta é a magia da interação com a mãe natureza.

Se você duvida, o "milagre" está ao seu alcance, encare.

Mas lembre-se: os fracos têm muito medo de acreditar, e farão de tudo para convencê-lo do contrário.

Não se entregue à escória do universo.

Whitesharkman

5.5 Regras e Estratégias para Aplicação no Treinamento de Força na Água

Tradicionalmente, os treinamentos de força são enfadonhos e muito previsíveis, entretanto, esta não é a realidade de programas que tenham profissionais dedicados e obstinados pelo prazer em oferecer o melhor a seus alunos. Portanto, nesta parte do capítulo, estaremos concentrados em oferecer uma gama de possibilidades de estratégias, que podem aperfeiçoar o rendimento do praticante por meio de séries elaboradas com base nas diferentes variações de métodos ou princípios.

Inicialmente, o profissional deve escolher os exercícios que se tornarão mais efetivos para os alunos. Para tanto, devemos levar em conta as seguintes variáveis: nível de experiência do aluno; grau de complexidade nas execuções; ações de contra equilíbrio; e uso ou não de equipamentos facilitadores, bem como dos que favorecerão maior resistência ao movimento do executante.

Com relação à intensidade dos exercícios, podemos sugerir séries que objetivem o aumento da força muscular máxima, nas quais os praticantes devem realizar exercícios com cargas de tamanha magnitude que o executante não consiga realizar mais de 6 ações voluntárias máximas (AVM). Já para hipertrofia muscular, a carga deve ser de magnitude a permitir de 8 a 15 AVM. Se o objetivo for potência muscular, cargas que permitam execuções de até 10 AVM em velocidade máxima, e, finalmente, se o objetivo for maximizar a resistência muscular, o professor deverá programar com seus alunos cargas de 15 AVM ou mais.

O volume dos exercícios é caracterizado pela quantidade de séries para cada tipo de exercício, três a seis séries do mesmo exercício têm apresentado resultados significantes para o aumento da força e hipertrofia.

Os intervalos entre as séries e exercícios devem ser menores que 1 minuto, quando o objetivo é o aumento da resistência muscular; para o aumento da massa muscular, são preconizados intervalos de 1 a 3 minutos, e para a maximização da força e potência máxima, intervalos acima de 3 minutos.

A partir do momento que concebemos os elementos primordiais para o treinamento de força, levamo-lo a uma gama de estratégias para maximizar o treinamento de força. Para um conhecimento mais profundo, ler Araújo Filho (1994) e Guedes Jr. (1997).

Vamos começar nosso desafio antimonotonia?

Podemos classificar como variações no treinamento exercícios que estimulem: (I) magnitudes de resistência; (II) número de séries; (III) número de repetições e (IV) tempo de intervalo para a recuperação. Para o item *magnitude da resistência*, nossa sugestão será a utilização da escala subjetiva de esforço, proposta por Brennan e Wilder (1990), que vai de 1 a 5, com as seguintes classificações: 1) muito leve; 2) leve;

3) moderado; 4) forte; e 5) muito forte. Esta sugestão se faz necessária frente às limitações instrumentais que ainda dispomos no treinamento aquático para quantificar especificamente a carga em cada execução. Em nossos grupos experimentais, o uso da escala de Brennan tem surtido efeito bastante significativo em grupos de diferentes faixas etárias e níveis de experiência com o treinamento aquático.

Entre os vários métodos que existem para a combinação destas variáveis, discutiremos os seguintes:

- **Magnitude da resistência, série, repetição e intervalo fixo**
Exemplo: 3 séries de 12 repetições, com intervalo de 1 minuto de recuperação, em intensidade 4 da escala de Brennan. Para maior conforto na leitura, abreviaremos as sugestões de treinos, então a proposta descrita neste exemplo ficará da seguinte forma: 3 s x 12 rep / 1' – 4 Int

- **Repetição variada — séries, intervalo e magnitude da resistência fixos**
Exemplo: 4 séries, sendo 1ª s x 8 rep / 1' – 4 Int; 2ª s x 10 rep / 1' – 4 Int; 3ª s x 12 rep / 1' – 4 Int; 4ª s x 14 rep – 4 Int. Obs.: as repetições poderão ser crescentes ou decrescentes.

- **Intervalo variado — repetição, séries e magnitude da resistência fixos**
Exemplo: 4 séries, sendo 1ª s x 8 rep / 1' – 5 Int; 2ª s x 8 rep / 45" – 5 Int; 3ª s x 8 rep / 30" – 5 Int; 4ª s x 8 rep – 5 Int. Obs.: os intervalos poderão ser decrescentes, como no exemplo, ou crescentes.

- **Piramidal crescente**
Exemplo: 3 séries, sendo 1ª s x 14 rep / 1' – 3 Int; 2ª s x 12 rep / 1' – 4 Int; 3ª s x 10 rep – 5 Int.

- **Piramidal decrescente**
Exemplo: 3 séries, sendo 1ª s x 10 rep / 1' – 5 Int; 2ª s x 12 rep / 1' – 4 Int; 3ª s x 14 rep – 3 Int.

- **Contração de pico**
Ao final das repetições de cada série, o aluno realiza uma contração isométrica. Obs.: o tempo de contração pode variar de acordo com o número de repetições.

- **Onda constante**
Exemplo: 5 séries, sendo 1ª s x 14 rep / 45" – 3 Int; 2ª s x 10 rep / 45" – 4 Int; 3ª s x 14 rep / 45" – 3 Int; 4ª s x 10 rep / 45" – 4 Int; 5ª s x 14 rep – 3 Int.

- **Método onda crescente**

Exemplo: 4 séries, sendo 1ª s x 14 rep / 45" – 2 Int; 2ª s x 10 rep / 45" – 4 Int; 3ª s x 12 rep / 45" – 3 Int; 4ª s x 8 rep - 5 Int.

- **Método onda decrescente**

Ex:emplo 4 séries, sendo 1ª s x 8 rep / 45" – 5 Int; 2ª s x 12 rep / 45" – 3 Int; 3ª s x 10 rep / 45" – 4 Int; 4ª s x 14 rep - 2 Int.

- **Repetições parciais**

Nesta estratégia, o professor deve dividir a amplitude articular do movimento total, realizando modificações nos ângulos de execução do exercício, a cada série. Exemplificaremos com um exercício de extensão de joelho (quadríceps). O movimento 1 (mov1) pode ser realizado de 0 a 90º de extensão, o movimento 2 (mov2) deve ser realizado de 90 a 180º, e finalmente o movimento 3 (mov3) seria a execução das repetições em toda a amplitude articular. Ex: 3 séries, sendo 1ª s x 8 rep (mov1) / 45" – 5 Int; 2ª s x 8 rep (mov2) / 45" – 5 Int; 3ª s x 8 rep (mov3) – 5 Int.

- **Repetições roubadas**

Na série final, executar uma quantidade maior de repetições acima do estipulado pode sacrificar a postura correta do movimento e fazer maior uso dos músculos sinergistas.

Fracasso – Fuga – Aproximação de fracos

Amigos...

Gostaria de refletir sobre dois temas, que são: prosperidade e liberdade.

Vivemos em um mundo muito próspero e, talvez, esta seja uma das maiores verdades confidenciadas a nós por DEUS: "Pedes e receberás".

Mas vivemos também em um mundo de total liberdade, isto é, se acreditarmos que algo não irá dar certo, estaremos imensamente corretos, porque não dará.

Entretanto, se acreditarmos que algo é possível, como por milagre, eis que o inacreditável ocorrerá.

Agora, sugiro uma imersão no mundo turbulento do treinamento, que acredito ser um reflexo real da nossa vida.

Que tal? Vamos lá?

Se vivemos em um mundo próspero, tudo podemos, certo?

E se temos a liberdade de escolha, só precisamos começar.

Por incrível que pareça, as duas afirmações são absurdamente certas, só que, de tão reais, muitos não conseguem acreditar.

Quantas pessoas decidem todos os anos mudarem seus corpos?

E, infelizmente, desistem frente a pequenas decepções.

Whitesharkman

5.6 Técnicas Específicas para o Aumento das Sobrecargas em Meio Líquido

A seguir, descreveremos 12 variações de sobrecarga típicas do meio líquido, que têm o efeito de maximizar as estratégias descritas anteriormente. Sendo assim, as propostas feitas a seguir devem ser combinadas com as estratégias apresentadas no tópico 5.5.

Contrariamente às propostas apresentadas anteriormente, em que as variáveis dependiam diretamente da organização cognitiva do exercício, as propostas agora apresentadas dependerão diretamente da capacidade de executar corretamente os movimentos, e isto significa praticar, praticar e praticar. Portanto, o profissional deverá muitas vezes parar as aulas para realizar estratégias de ensino, como o *feedback* sobre as dificuldades apresentadas pelos executantes.

Em nosso programa utilizamos, e muito, o recurso de filmagem subaquática, para permitir ao educando maior visualização das suas possíveis dificuldades. Outra estratégia que tem acentuado o aprendizado das técnicas que serão apresentadas é a combinação da filmagem subaquática com programas que fragmentam as imagens em um número maior de quadros, permitindo ao aluno uma visualização mais estática de cada momento da ação executada. Entretanto, a simples saída da água para visualização dos colegas de aula e a inserção de dicas de referência na execução dos exercícios têm apresentado resultados bastante satisfatórios no processo de aprendizagem.

5.6.1 Aceleração do Movimento

A resistência do fluido é aumentada quando tentamos acelerar o corpo ou uma parte deste. Isto resulta principalmente da interação entre a Terceira Lei de Newton e os vórtices que serão formados atrás do segmento que se desloca. Um erro muito comum é sugerir ao aluno que realize movimentos o mais rápido possível; como velocidade é a relação entre tempo e espaço, o educando pode tentar "roubar" o movimento para executá-lo mais rápido.

5.6.2 Amplitude da Ação

Como o aluno não possui o *feedback* visual (espelho), é imprescindível que neste tipo de estratégia o profissional ofereça dicas internas ou externas para que ele possua uma referência sobre a amplitude do movimento que executa. Como exemplo de dicas internas, poderíamos sugerir que, durante a execução de um exercício para o peitoral maior, os braços devam se cruzar até os cotovelos se tocarem. Já para as dicas externas, podemos exemplificar com um exercício de glúteos, potencializado por meio da rotação externa do quadril, mantendo-se a planta do pé paralela ao chão. Erro comum é o encurtamento do movimento quando o indivíduo tenta acompanhar o ritmo da música ou quando começa a cansar.

5.6.3 Variação do Posicionamento da Extremidade dos Membros

Uma simples modificação na posição dos pés pode aumentar ou diminuir a resistência frente à execução dos exercícios. Por exemplo, quando realizamos a extensão do joelho a fim de estimular o quadríceps, a posição dos pés pode ser em dorsiflexão, flexão plantar e flexão plantar com inversão do tornozelo. Nesta última estratégia, teríamos uma sobrecarga de maior magnitude quando comparada às outras duas formas de execução. Um erro clássico para exercícios de membro superior encontrado nos executantes com grande mobilidade articular é a hiperextensão do punho e dos dedos. Em exercícios em que a resistência deveria ser palmar, a hiperextensão diminui a área de resistência, diminuindo, assim, o arrasto de forma. Serão abordados com mais detalhes os tipos de arrasto no tópico 5.7.

5.6.4 Variação do Posicionamento dos Membros Durante o Deslocamento

A mudança da posição é uma estratégia extraordinária para aumentar a resistência em movimentos que mudam de direção durante sua ação. Como exemplo, podemos descrever os exercícios de glúteos unilaterais, compostos pelos movimentos de rotação externa, abdução, extensão do quadril e adução; os pés deveriam se manter nas duas primeiras ações em dorsiflexão e eversão; já nas duas últimas ações, as posições ideais deveriam ser a de flexão plantar e inversão. Desta forma, a resistência sobre a planta do pé seria maximizada em cada uma das ações.

5.6.5 Mudanças de Direção para a Diminuição do Fluxo Contínuo

Nesta estratégia, sugerimos que, a cada duas repetições, as duas seguintes sejam feitas em outro local que não o realizado anteriormente, por exemplo: no exercício de flexão de cotovelo, o aluno deve realizar duas repetições virado para a cabeceira da piscina, depois para uma das laterais da piscina, em seguida para a cabeceira oposta e, finalmente, para a última lateral da piscina, totalizando um giro de 360º ao redor do próprio eixo. Esta estratégia minimiza os fluxos contínuos de água resultantes das execuções iniciais do exercício, assim, as buscas por massas de água parada potencializam maior resistência.

5.6.6 Desaceleração do Fluxo de Água

O aluno, após realizar uma ação intensa para um conjunto de músculos prioritários, por exemplo, isquiotibiais, deverá permanecer por 2 segundos na posição final do movimento; em seguida, o executante deverá realizar de forma lenta a ação oposta, para então reiniciar o exercício.

5.6.7 Deslocamentos no Sentido Oposto ao Esforço Exercido

Este tipo de estratégia é muito interessante, porque soma a resistência ao deslocamento do segmento, ao deslocamento do corpo na mesma direção do exercício; por exemplo: o aluno fica estático na água, com a articulação do quadril flexionada (80º), e realiza a extensão do joelho com os pés em posição de resistência e faz a extensão deste com os pés em dorsiflexão (recuperação), depois tenta repetir o mesmo procedimento de extensão enquanto salta para frente.

5.6.8 Indução do Pré-Estiramento

Em um exercício para os flexores de cotovelo na vertical, usa-se o movimento inicial, partindo da flexão; com as mãos cortando a água, acelera-se o movimento de extensão e, antes de o segmento atingir o ponto final, inicia-se a contra-reação com a flexão do cotovelo, agora com as mãos espalmadas.

5.6.9 Produção de Resistência Contrária à Ação do Movimento nas Diferentes Fases

Esta estratégia pode ser realizada sozinho, com a ajuda de um companheiro ou de um grupo de pessoas. Exemplificaremos usando a participação de um companheiro. Imagina-se que, frente a frente e de forma simultânea, um indivíduo execute a flexão do cotovelo na vertical, com a palma da mão atacando a água (bíceps braquial e braquiorradial), enquanto o parceiro realiza o movimento para a extensão do cotovelo com o dorso da mão atacando a água (tríceps braquial e ancôneo), ambos devem fazer a recuperação cortando a água, para reiniciar o movimento direcionando a água no sentido oposto à execução do gesto do parceiro de treino. Desta forma, além da resistência ao deslocamento do segmento, os executantes deverão vencer a resistência do contrafluxo produzido pelo parceiro.

5.6.10 Deslocamento Tridimensional

Para esta variável de sobrecarga os movimentos dos segmentos devem a cada ação deslocar a água em três direções distintas, favorecendo a busca por massa de água parada, o que possibilita o aumento da resistência na execução do exercício. Portanto, se imaginarmos a execução de um exercício para os adutores da escápula, partindo dos braços cruzados a frente do corpo (flexão-adução horizontal) e com o dorso da mão voltado para frente, na tentativa de realizarmos a ação oposta (extensão-abdução horizontal) moveríamos massas em três direções, que são respectivamente, para frente, para fora e para trás.

5.6.11 Uso de Materiais Menos Densos que a Água

Nesta proposta, os exercícios devem ser elaborados, basicamente, para se opor à força do empuxo, entretanto, deve-se tomar cuidado com as características físicas de quem executa o movimento, isto é, se tivermos uma pessoa com baixa densidade corporal (mulheres, idosos e obesos), a força de resistência pode ser dissipada pelo deslocamento do indivíduo em direção oposta à execução do movimento. Em nosso programa, o uso de matérias menos densas que a água é inserido somente após a aquisição por parte do aluno de um ótimo domínio corporal.

5.6.12 Uso de Materiais Mais Densos que a Água

Não achamos necessário o uso de materiais de alta densidade (halteres, caneleiras e barras de ferro) para maximizar a força e hipertrofia em meio aquático, entretanto, não negamos a possibilidade do uso destes materiais. Podemos afirmar que em nenhum dos nossos experimentos fizemos uso deste tipo de material como elementos resistivos, contudo, podemos usá-los como estruturas que possibilitem maior ancoragem, como, por exemplo, o cinturão com lastros de chumbo, que fixam as mulheres no chão enquanto realizam movimentos descendentes e verticalizados. Esta estratégia evita o deslocamento do corpo em sentido oposto, diminuindo a dissipação da resistência.

Com base no exposto até aqui, podemos sugerir que o ambiente aquático é extremamente favorável ao aumento da força e hipertrofia. Mas como não nos conformamos com pouco, apresentamos as vantagens ímpares do treinamento de força na água:

- Não há necessidade de períodos abstratos de adaptação, como um mês de treino para mudar as cargas. O meio aquático induz no indivíduo mudanças de sobrecargas de forma natural e espontânea. Sendo assim, a magnitude de resistência em cada exercício será ajustada progressivamente, respeitando a individualidade humana, e, principalmente, os ajustes serão instantâneos;
- As cargas são tão específicas que permitem trabalhos intensos para diferentes ângulos de um exercício, bem como para situações de cansaço, doenças etc.;

• Como o indivíduo é ativo, pois é ele quem fabrica a sobrecarga, aqueles mais fortes conseguirão produzir cargas cada vez maiores, e vice-versa;
• A heterogeneidade do grupo desaparece na água, tanto nas formas (estrutura corporal) quanto nos tipos de exercícios e suas cargas, o que aumenta a integração dos participantes, favorecendo maior dedicação ao programa;
• A recuperação para novas cargas é facilitada em razão dos princípios físicos do meio. Desta forma, a percepção de dor pós-treinamento é menor (dor tardia). Portanto, se o aluno sente menos dor, treinará mais;
• Diminui a quantidade de retenção de líquido por meio do aumento da diurese, o que potencializa maior definição da musculatura. Esta resultante é conseqüência da atuação da pressão hidrostática sobre o organismo humano.

5.7 Metodologias de Aulas que Potencializam o Programa *Water Force*

Nossa intenção é favorecer a você, leitor, estratégias metodológicas embasadas em conceitos teóricos sobre alternativas para maximizar a eficiência dos resultados. As metodologias devem ser aplicadas com base nos tópicos 5.5 e 5.6. Neste momento, discutiremos a necessidade de focarmos nossa atenção em conceitos ainda pouco explorados.

É importante discutir com os alunos as razões dos treinamentos e estratégias, pois a informação tem um peso decisivo na manutenção de programas de treinamento, bem como na fidedignidade do educando ao professor. O conhecimento tem muita força, mas se o professor não for uma das resultantes do programa que vende, terá seu sucesso comprometido. Agora, se ele for aquilo que vende, sua prosperidade profissional será uma questão de tempo.

As aulas a seguir foram apresentadas em diversos congressos pelo país.

5.7.1 Hidropliometria

A palavra pliometria é derivada do grego *plethyein*, que significa aumento (*plio*) da medida (*metria*), ou seja, obtenção de maiores distâncias por impulsão. Este tipo de método originou-se na antiga União Soviética, durante a década de 1960, e foi difundido por dois grandes nomes da ciência mundial, Popov e Verkochanski.

5.7.1.1 O que é a Pliometria?

• Método de treinamento baseado em um trabalho muscular muito peculiar, constituído por uma contração excêntrica seguida por breve contração isométrica, e finalizada com uma contração concêntrica (Saldanha, 2002);
• Transferência da ação excêntrica para concêntrica de determinado músculo, com a maior rapidez possível de movimento (Fleck e Kramer, 1999);
• Método que se utiliza do fuso neuromuscular provocado por uma contração excêntrica, partindo para uma concêntrica em velocidade (Dantas, 1998).

5.7.1.2 Como o Método Pliométrico Atua Sobre o Organismo Humano?

Dentro dos músculos estriados esqueléticos, existem sensores responsáveis por mandar informações para o sistema nervoso central (SNC), referente ao tamanho e tensão realizada nestes durante qualquer movimento executado no dia-a-dia. Um desses sensores é chamado *fuso neuromuscular*.

Para ficar mais fácil, pensaremos em um exemplo prático da sua ação: quando estamos muito cansados no retorno do trabalho, a vontade de dormir e de relaxar pode causar uma queda da cabeça à frente, pois ao cochilar os músculos eretores do pescoço tendem a relaxar, deixando a cabeça pender à frente. Então, esses músculos sofrem um alongamento excessivo, podendo gerar um rompimento; antes de isso acontecer, involuntariamente, este sensor manda uma informação para o SNC, aumentando a inervação do músculo e fazendo-o contrair de maneia reflexa, como uma defesa do organismo. Dessa forma, este fenômeno, por aumentar a capacidade dos músculos de se contrair, tem sido também utilizado para o treinamento da força.

Segundo Fleck e Kramer (1999), o aumento do recrutamento desses neurônios pode ressaltar um aumento na força muscular e maior utilização das forças armazenadas nos tecidos elásticos dos músculos.

5.7.1.3 Como é nossa proposta de treinamento com o método pliométrico em meio líquido?

A seqüência de exercícios aplicada é constituída pela utilização de saltos, a fim de vencer momentaneamente as forças da gravidade e inércia de movimento. Existem três tipos de saltos que podem ser realizados no método pliométrico:

- *Saltos verticais*: exercícios em que o praticante procura dar impulsões a fim de elevar o centro de gravidade o mais alto possível;
- *Saltos horizontais*: exercícios em que se realiza uma sucessão de impulsos no sentido horizontal, permitindo a projeção do próximo salto. Podem ser realizados com ambas as pernas, de forma alternada ou em combinações;
- *Saltos em profundidade*: exercícios realizados saltando de um plano superior para um inferior, causando um pré-estiramento dos músculos e potencializando a força reativa.

A intensidade do salto variará de acordo com a profundidade da piscina, altura do executante e sua densidade corporal. Sendo assim, sugerimos que os exercícios devam ser inicialmente executados com os ombros dentro d'água; após o processo de adaptação, o praticante poderá realizar os saltos expondo progressivamente partes do corpo à ação da gravidade.

As fases do salto no trabalho pliométrico são:

- *Fase de amortecimento*: ao realizar o salto, o praticante deve amortecer a queda, estimulando o fuso neuromuscular para sustentar a força aplicada sobre o corpo;
- *Fase de estabilização*: os músculos aumentam as contrações e suas interações para sustentar as cargas, parando o movimento e ocasionando o desencadeamento do reflexo de estiramento (miotático);

- *Fase de impulsão*: o atleta executa uma impulsão, gerando uma força, que é resultante do pré-estiramento.

5.7.1.4 Impacto e Ambiente Aquático: Aumento da Densidade Mineral Óssea

Diversos estudos no mundo (Falk et al., 2003; Turner et al., 2002; Nagata, et al., 2002; Hart et al., 2001) têm demonstrado a importância da prática de estratégias de exercícios que estimulam impactos contínuos, para o aumento e manutenção da estrutura óssea. Entretanto, alguns teóricos levantam a hipótese de que exercícios no meio líquido não teriam eficiência para o fortalecimento do osso; suas bases para esta afirmação estão arraigadas em pesquisas que comparavam nadadores de elite e outros atletas (corredores, saltadores etc.). Neste momento, cabe uma reflexão importante: "Tostines vende mais porque é fresquinho, ou é fresquinho porque vende mais?" Em outras palavras, nadadores de elite têm menor densidade óssea porque nadam, ou têm sucesso em sua modalidade porque têm naturalmente menor densidade óssea e, por isso, flutuam mais e são mais rápidos? Para discutir esta questão, ainda existe uma escassez de experimentos acerca do fenômeno, porém o que existe comprovado é que seres humanos e animais, quando inseridos em programas de atividades aquáticas, possuem um aumento real de densidade óssea (Hoshi, et al., 1998; Tsai, et al., 1996; Nyska, et al., 1995; Snyder, et al., 1992; Swissa-Sivan, et al., 1990), e isto ocorre pela magnitude da força que devemos produzir para provocar deslocamento em um meio que pode chegar a ser 1.000 vezes mais resistente que o ar, bem como o impacto que pode ser estimulado com modificações de estratégias, como, por exemplo, nossa proposta para este encontro.

5.7.1.5 Vantagens de se Treinar com o Método Pliométrico

O método pliométrico pode gerar os seguintes benefícios:

• Aumento da propriocepção e cinestesia (Swanik et al., 2002). *Aplicabilidade*: os praticantes terão mais capacidade de perceber e controlar seus movimentos com maior precisão;
• Aumento da capacidade de reação dos músculos, por possuírem maior inervação (Robinson, 2004). *Aplicabilidade*: estamos sujeitos a acidentes durante o dia, como, por exemplo, um simples desequilíbrio, mas não se tornará um grave acidente se os músculos possuírem mais força e rapidez para reagir;
• Aumento da força muscular, por causa da maior inervação e do aumento da quantidade de proteínas no músculo – Hipertrofia (Luebbers, et al., 2003; Siegler, Gaskill e Ruby, 2003; Masamoto, et al., 2003). *Aplicabilidade*: para realizarmos tarefas do dia-a-dia, existe a necessidade de possuirmos músculos mais fortes, como, por exemplo, sentar e levantar de uma cadeira, carregar sacolas do supermercado, subir uma escada, saltar uma poça de água, carregar o filho no colo etc.;
• Aumento do desempenho de atletas. (Dialo et al., 2001; Matavulj et al., 2001; Newton et al., 1999). *Aplicabilidade*: esportes que necessitam de mudanças bruscas de direção, impulsões verticais e horizontais, como basquete, futsal, voleibol, futebol e natação (durante a virada e saída do bloco); o método potencializa o desempenho para as variáveis acima de forma muito significativa;
• Aumentar a captação de cálcio por parte dos ossos, tornando-os mais fortes (Witzke e Snow, 2000). *Aplicabilidade*: com o passar do tempo, o indivíduo vai perdendo a capacidade de absorver cálcio nos ossos (osteopenia), podendo chegar a um quadro de osteoporose, então, o impacto causado pelo treinamento pode potencializar a reabsorção de cálcio pelas células ósseas;
• Aumento do gasto metabólico diário. *Aplicabilidade*: por ser um método que pode envolver grande quantidade de massa muscular e com muita intensidade, a pliometria apresenta-se como uma estratégia com queima calórica elevada;
• Melhora da estética. *Aplicabilidade*: por gerar hipertrofia muscular, pode aumentar o delineamento dos músculos.

Quadro 5.1 Diferenças de se treinar a pliometria dentro e fora d'água

Pliometria fora d'água	Pliometria dentro d'água
Aumento do impacto nas articulações a cada salto, possibilitando maior índice de lesões.	A força do empuxo reduz a atuação gravitacional, proporcionando menor impacto sobre as articulações.
Aumento da sobrecarga depende da colocação de implementos	A pressão hidrostática e a viscosidade do fluido oferecem maior resistência aos saltos
Maior sensação de dor pós-treinamento, pela elevada ação excêntrica do músculo.	Menor sensação de dor pós-treinamento, pela diminuição de microrrupturas do tecido muscular.
O treinamento deve possuir pequeno número de saltos em razão do alto impacto e da grande atuação gravitacional	Possibilidade de realizar mais movimentos sem o risco de lesão, pois a água ajuda a amortecer a queda.
Contra-indicada para pessoas com problemas osteoarticulares, sobrepeso e outros que possam gerar mais sobrecarga.	A água por reduzir a aceleração gravitacional e favorece a participação das mais diferentes pessoas no mesmo treinamento.

5.7.2 Hidrotridimensional

Em geral, exercícios tradicionais de hidroginástica são realizados com o intuito de mover massas de água em uma única direção. Entretanto, quando colocamos esta massa de água em movimento, ela passa a ter uma inércia de deslocamento, que diminui a ação resistiva do segmento deslocado e minimiza a carga sobre o sistema.

Agora, se novos exercícios forem construídos com o objetivo de induzir o grupo muscular em ação a exercer força na mesma repetição em três direções distintas, estaremos triplicando a carga ao organismo. Esta estratégia potencializará maior magnitude na intensidade oferecida aos sistemas muscular e ósseo, haja vista que buscaremos massa de água parada por, no mínimo, três vezes e, desta forma, estaremos maximizando os resultados de força e hipertrofia.

5.7.2.1 Física da Água: Arrasto Passivo x Arrasto Ativo

Nesta viagem pelo universo aquático, gostaríamos de expor como a água se opõe ao movimento e como esta resposta pode maximizar nossa saúde. Este conhecimento será essencial para o entendimento da proposta denominada *hidrotridimensional*.

A água resiste aos movimentos do praticante de hidroginástica, portanto, ao tentar deslocar um segmento no fluido, o indivíduo experimenta uma força de impedimento conhecida como *arrasto* (Maglischo, 2003). A natureza desta força é explicada pelas propriedades físicas da água, como a pressão interna, densidade e viscosidade, vistas no capítulo 3. A reação da água ao corpo se movendo aparece como forças de pressão perpendicular à sua área frontal e forças de fricção atuando ao longo da superfície do corpo (Vorontsov e Rumyantsev, 2004). Assim, o trabalho mecânico que o praticante de hidroginástica realiza é direcionado para superar o arrasto hidrodinâmico. Esta resistência pode ser dividida em duas categorias: *passiva* e *ativa* (Kolmogorov e Duplisheva, 1992). A primeira é resultante dos vórtices produzidos atrás do segmento que se desloca; desta forma, quando projetamos nossa perna para frente, os vórtices produzidos atrás dela puxam o segmento para trás e, a magnitude desta reação pode ser influenciada pela velocidade de deslocamento do segmento; pelo fluxo da água (laminar ou turbulento); fricção do fluido com a pele (Sharp e Costill, 1989); forma do corpo (Toussaint e Beek, 1992); e profundidade de imersão (Vorontsov e Rumyantsev, 2004). Já o arrasto ativo ocorre quando o praticante de hidroginástica desloca massas de água com os seus segmentos, portanto este arrasto é considerado uma função dos movimentos, bem como da antropometria do praticante.

Estes dados nos permitem refletir sobre a variada capacidade de produzirmos resistência (arrasto) de diferentes formas e magnitudes em uma aula de hidroginástica, o que permite ao indivíduo praticante maior capacidade de se adaptar frente às diversas situações que poderão ser oferecidas pelo profissional. Portanto, adaptação deve ser entendida como modificação do organismo para um grau superior de condicionamento, e, para que isto ocorra, a variabilidade de exercícios e intensidades, isto é, as experiências, faz-se necessária.

5.7.2.2 Teoria Sistêmica e o Princípio da Variabilidade em Organismos Biológicos

Recentes metateorias da ciência enfatizam que em sistemas biológicos a formação de novas estruturas (adaptação) pressupõe instabilidade, portanto quebra da estabilidade do sistema (Bertalanffy, 1977). Nessa perspectiva, o treinamento físico (Souza Jr. e Pereira, 2005), bem como a aquisição de habilidades motoras (Tani, 1995), pode ser mais bem explicado se observados como processos dinâmicos de instabilidade-estabilidade-instabilidade, que resultam em crescente complexidade do sistema, ou seja, toda nova experiência ou forma de sobrecarga induz nosso organismo à quebra da estabilidade, e esta instabilidade decorrente requer do sistema uma nova reorganização, o que promoverá maior dispêndio de energia do organismo para dar conta de resolver este novo problema. Portanto, como o organismo biológico tem o incrível poder de contrair informações do meio, aprendendo, assim, a utilizá-las de forma a economizar energia, programas de exercícios repetitivos (estrutura) e pouco variáveis em incremento de cargas (intensidade) favorecem uma adaptação orgânica de equilíbrio e, dessa forma, economia de energia. Contrariamente, programas de treinamento, como o proposto por nossa equipe, que se caracterizam pela variabilidade de exercícios e intensidades, tendem a promover novas respostas adaptativas do sistema biológico em todo momento, contribuindo de forma decisiva para a quebra da estabilidade do sistema (maior gasto de energia) em direção a um aumento da complexidade deste (aprimoramento físico).

Com base nestes pressupostos, nosso grupo de estudo em atividades aquáticas concentra-se em propor novas alternativas de desequilíbrio aos alunos.

5.7.2.3 Água: Uma Resistência Infinita

Por ser um meio de grande plasticidade na interação com outros organismos, uma das características mais fantásticas da água é ser ilimitada na produção de cargas resistivas. Isto significa que a cada dia que o praticante torna-se mais forte, maior será a contra-resistência produzida pela água a este organismo, e o extraordinário é que este fato ocorre automaticamente e de forma específica para cada praticante. É por estas e outras razões que o meio aquático tem sido cada vez mais indicado por médicos, fisioterapeutas e treinadores físicos para indivíduos nas mais diferentes idades, condicionamentos físicos e incapacidades motoras ou neurológicas.

5.7.3 *Hidrodouble Action*

A razão da estrutura desta aula está pautada em dois grandes problemas que ainda parecem estar nebulosos quando discutimos a atividade física em um ambiente aquático: a mecânica dos fluidos e a transferência da aprendizagem motora.

O primeiro foco deste material está centrado na visão de como a *água reage aos movimentos do corpo*. Até o momento, poderíamos afirmar que a ciência já tem bem documentado as modificações ocorridas no organismo humano, quando este está imerso em meio líquido, bem como temos avanços bastante consolidados na interpretação do corpo em movimento na água, entretanto, *o movimento da água na sua interação com objetos ainda é parcialmente ignorado*. Para tanto, avançaremos um pouco em um campo da física denominado *mecânica dos fluidos*; particularmente, centrar-nos-emos em conseqüências do deslocamento em ambiente aquático: as forças de arrasto, que são resultantes da interação fluido e objeto. Já no segundo momento, nosso foco será conscientizar o leitor sobre um conceito muito em voga na área do treinamento direcionado à saúde, especificamente a aplicação do controle motor: *transferência das aquisições motoras*.

Nesse âmbito, focaremos dois pontos; o primeiro seria: as conquistas adquiridas em ambiente aquático são transferíveis para o mundo real? Talvez esta pergunta pareça um pouco sem sentido para os indivíduos leigos, entretanto, será usada como exemplo a seguinte relação: quem dirige um carro de tamanho pequeno tem competência para dirigir um caminhão? O mecanismo de funcionamento para marchas, aceleração e freadas ainda é o mesmo, mas quem sentar em um caminhão pela primeira vez se sentirá em um universo totalmente diferente, sendo assim, o que é aprendido na água (domínio do corpo) é transferível para a terra? O segundo ponto sobre transferência será uma reflexão sobre o "maquineismo" crescente na construção dos exercícios. Com base em movimentos retilíneos, tem-se tentado maximizar a execução perfeita do movimento, contudo, não estaríamos neste momento diminuindo a relação movimento para o exercício e movimento para a vida real?

Mecânica dos fluidos é a parte da física que estuda o efeito de forças em fluidos. Os fluidos podem ser analisados na sua forma estática e quando sujeitos às forças externas. A primeira condição é estudada pela hidrostática, e a segunda condição, pela hidrodinâmica.

Particularmente, nosso foco é estudar os movimentos da água na interação com o corpo, concentrando-nos, então, nas definições sobre arrasto.

Arrasto é a resistência resultante do deslocamento de um segmento na água. Esta resistência pode ser subdividida em *arrasto passivo* (*parasitic drag*) e *arrasto ativo* (*induced drag*); a somatória destas formas de resistência resulta no arrasto total (*total drag*), como veremos no esquema apresentado a seguir, proposto por Bixler (2005).

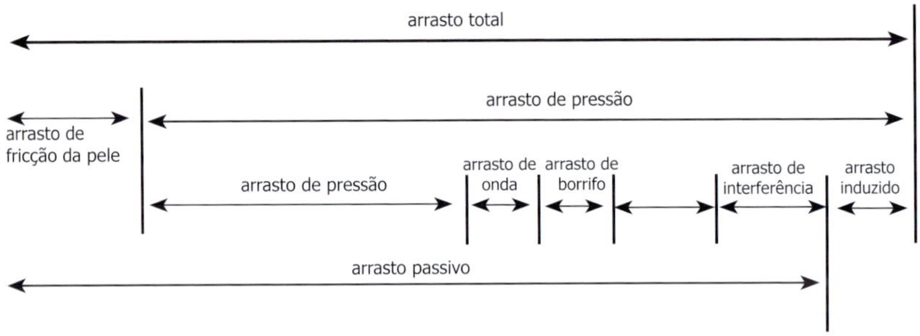

Figura 5.1 Esquema da somatória das formas de resistências, segundo Bixler (2005).

Tradicionalmente, nas aulas de hidroginástica, usa-se o arrasto ativo como desencadeador do aumento da resistência. Mais uma vez, o leitor deve focar sua atenção no quadro esquemático e ficar atento à pequena parcela que este tipo de arrasto pode influenciar no deslocamento de um objeto. O arrasto ativo é resultante da aceleração aplicada a um segmento corporal em determinada distância e, portanto, está sujeito à Terceira Lei de Newton que em sua formulação original sugere "*Actioni contrariam semper et aequalem esse reactionem: sine corporum duorum actiones in se mutuo semper esse aequales et in partes contrarias dirigi*" (A toda ação, há sempre oposta uma reação igual, ou, as ações mútuas de dois corpos um sobre o outro são sempre iguais e dirigidas a partes opostas). Portanto, quanto maior a aceleração aplicada ao deslocamento, maior será o arrasto ativo. Esta estratégia tem sido utilizada quase de forma única em exercícios de hidroginástica, e como mencionamos anteriormente, nossa meta neste livro é avançar nos conhecimentos sobre os movimentos da água quando em contato com o corpo; para tanto, devemos nos focar nos arrastos passivos (*parasitc drag*).

Os arrastos passivos são divididos em *arrasto de fricção da pele* (*skin friction drag*) e *arrastos de pressão* (*pressure drag*). A explicação de cada uma destas resistências, seu comportamento e as formas de maximizá-las em treinamentos aquáticos, com o intuito de potencializar o aumento da força e hipertrofia, demandaria muita explicação, e não é este nosso objetivo. Desta forma, fecharemos nosso foco nos arrastos de forma (*form drag*) e interferência (*interference drag*).

Arrasto de forma está ligado diretamente ao conceito de uma camada limítrofe (*boundary layer*) e sua separação de um objeto. A figura abaixo mostra a formação de vórtices exatamente atrás do objeto resultante da separação entre água e objeto. Vórtice é um escoamento turbulento giratório em que as linhas de corrente apresentam um padrão circular ou espiral. Sendo assim, poderíamos interpretar como movimentos espirais ao redor de um centro de rotação. Os vórtices surgem devido à diferença de pressão de duas regiões vizinhas (frente e trás do objeto). Quando isto ocorre, o fluido tende a equilibrar o sistema e flui para esta região, mudando a direção original da passagem de água.

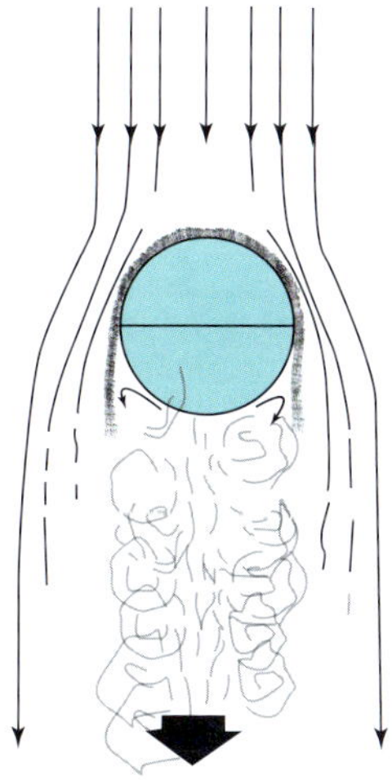

Figura 5.2 Formação de vórtices exatamente atrás do objeto.

Estamos discutindo este ponto porque os vórtices formados exatamente atrás do objeto tendem a puxá-lo diretamente na direção oposta (Figuras 5.3 e 5.4), maximizando a carga de resistência ao deslocamento de um segmento na água. A magnitude destes vórtices é influenciada pela forma do corpo, tamanho do segmento e direção de deslocamento, e, ainda, está sobre influência da rugosidade, velocidade e aceleração do segmento, densidade, profundidade e temperatura da água.

Arrasto de interferência ocorre quando o fluxo ao redor de um objeto é influenciado pela presença de um ou mais objetos próximos. A interferência hidrodinâmica pode ser *positiva* ou *negativa*. A primeira potencializa a velocidade do deslocamento de um objeto em razão da diminuição do arrasto de forma. Como exemplo, podemos nos referir ao fenômeno classificado como "deslocar-se na esteira", isto é, um aluno que corre exatamente atrás do outro em meio líquido tem sua resistência frontal diminuída, além de ser tracionado para frente, o que diminui drasticamente seu esforço (Figura 5.3).

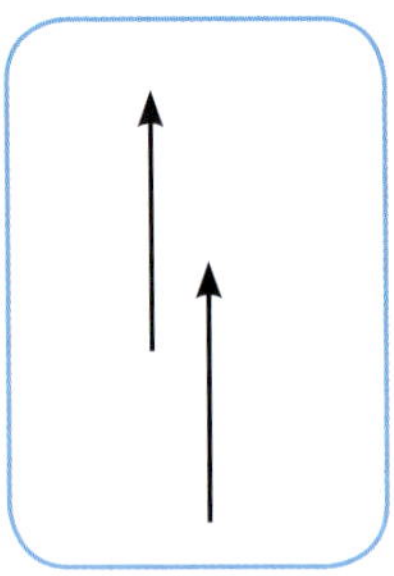

Figura 5.3

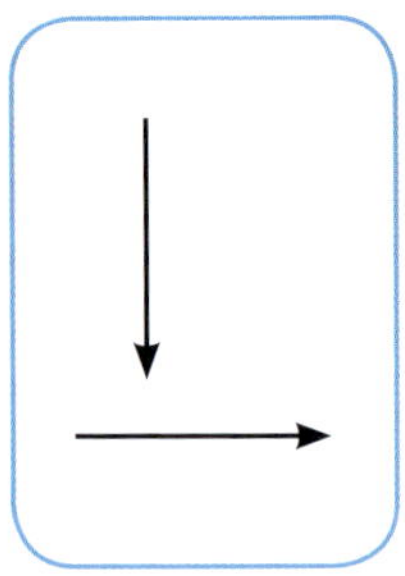

Figura 5.4

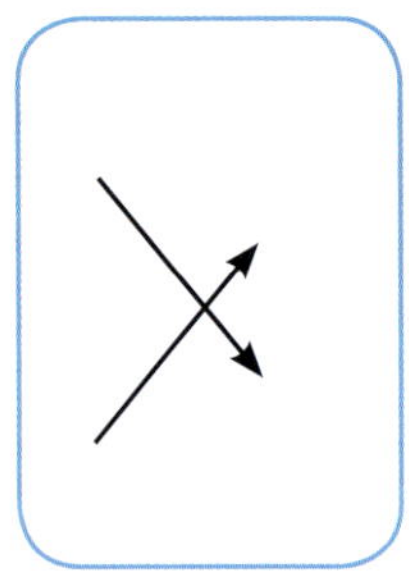

Figura 5.5

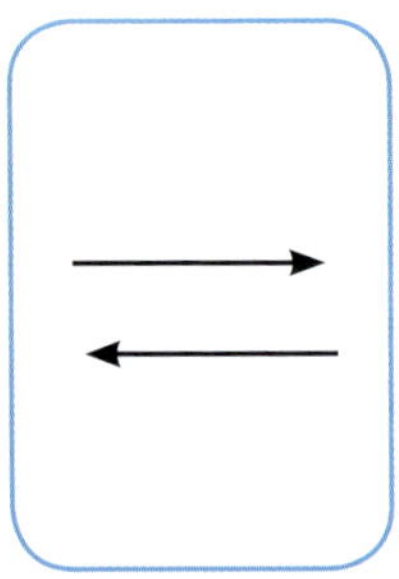

Figura 5.6

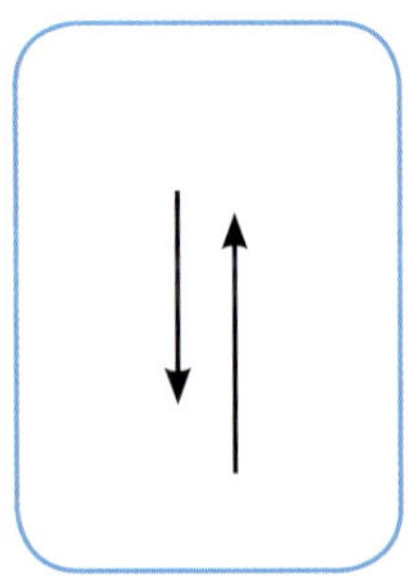

Figura 5.7

Figura 5.3 - 5.7 Direção do fluxo da água promovido pelo arrasto.

Segurança e eficiência devem ser fatores observados pelo professor durante o processo de exercitação de seus alunos. Ele deve estar atento ao passar as informações para o aluno, de forma a possibilitar a percepção do movimento, auxiliando na realização de execuções seguras, eficazes e eficientes.

Sova (1998) comenta que exercícios para tonificar ou fortalecer os músculos são similares, havendo diferença no tipo de equipamento utilizado e na quantidade de força mobilizada. Oito repetições sem uso de equipamentos e pouca força mobilizada caracterizam atividades que buscam trabalhar o tônus muscular. Em contrapartida, a utilização de equipamentos com mobilização de grandes gradientes de força parecem ser fatores associados a atividades que buscam treinar a força.

A autora lembra que, durante exercitações voltadas à tonificação, devemos evitar balançar o corpo e fazer que a atividade incida sobre músculos específicos. Além disso, o executante deve parar e recomeçar cada movimento, ou seja, é preciso pensar para onde se deve direcionar o movimento e interrompê-lo quando os seguimentos alcançarem a posição prevista.

Para efeito de orientação, a autora ilustra com fotos alguns exercícios para tonificar, não descrevendo com detalhes a maneira de realizar os movimentos. O que se observa nesse formato de instrução é que, à medida que o aluno repete o movimento, espera-se que se aprimore a execução, mas, se não houver a compreensão completa do movimento, não haverá sucesso no programa.

Visando orientar o aluno para uma melhor execução dos movimentos, o professor deve fazer uso de uma estratégia de observação eficaz, identificando os aspectos que influenciam no desempenho do indivíduo. Com base nos dados obtidos com a observação, ele deve planejar e realizar a intervenção adequada.

Para Carabias (1999), a organização de exercitação voltada à melhora da capacidade de geração de força ou resistência muscular pressupõe a adoção de pequenas pausas ativas de recuperação entre uma série e outra de, aproximadamente, 10 a 15 segundos. Além disso, os membros superiores e inferiores devem ser alternados no decorrer da execução, e a intensidade pode ser determinada pela amplitude do movimento, pela velocidade de execução, sendo a magnitude da resistência influenciada por fatores como área corporal, superfície de contato, nível da água, inércia e flutuação.

A autora recomenda que, para se realizar uma boa execução dos movimentos, cada exercício pode ser realizado com diferentes ritmos e amplitudes de deslocamento, tanto no sentido anterior quanto posterior em relação ao corpo. Durante o esforço, deve-se expirar e inspirar na recuperação para favorecer a fixação da coluna, que permitirá a execução do exercício com a máxima velocidade e amplitude.

Carabias (1999) ainda argumenta que os professores, para comandar suas aulas, devem conhecer os exercícios potencialmente lesivos, evitar a hiperextensão da coluna, descrever passo a passo cada um dos exercícios e utilizar a expressão corporal.

Bonachela (2001) define hidroginástica localizada como um conjunto de exercícios físicos executados com ou sem o auxílio de materiais, e que tem como objetivo aumentar a capacidade de geração de força e a resistência muscular, melhorar a capacidade cardiorrespiratória e a amplitude articular e, ainda, utilizar a resistência da água como sobrecarga.

O autor recomenda uma freqüência semanal de 2 a 5 vezes, com duração variando de 45 a 60 minutos. O equipamento, dependendo do nível de condicionamento do aluno, pode ser usado, mas, para isso, há a necessidade de se obter correta execução do movimento. O número de repetições deve estar entre 20 e 40 para cada exercício ou 1 a 2 minutos com séries progressivas. A intensidade pode variar de 60 a 80% da freqüência cardíaca máxima.

Aboarrage (1977) sugere que exercícios realizados no meio líquido podem ser muito úteis para a melhora e manutenção do desempenho de atletas. O autor recomenda que, para se treinar a resistência muscular, os exercícios devem ser realizados com utilização dos métodos intervalado e circuitado, e que as sessões devem durar, em média, de 60 a 70 minutos. A intensidade deve variar em razão da fase do treinamento ou da proximidade da competição. O autor defende a idéia de que os treinos no meio líquido são complementares e inespecíficos para os esportes terrestres. Além disso, ele acredita que, devido à sua condição de atenuar a ação da gravidade nas articulações, a exercitação em meio líquido pode ser utilizada em treinos com alta intensidade em grande volume.

Aboarrage (1997) ainda esclarece que alguns métodos que implicam o uso do meio aquático podem ser utilizados na reabilitação e, entre eles, destacam-se o *deep water*, o *water running*, os *exercícios aquáticos* e o *hidro power*.

• ***Deep water* (exercício sem tocar os pés no chão)**

Consiste em corrida em águas profundas, com o auxílio de um colete ou cinturão flutuador. O atleta se desloca dentro da piscina sem tocar os pés no chão; a profundidade da piscina deve ser acima da altura do atleta (Reilly, Dowzer e Cabon, 2003). Os programas de *deep water*, quando bem elaborados, podem promover ganho de força, melhora na configuração da composição corporal, aumento da resistência aeróbica e redução de *stress* (Aboarrage, 2003; Furtado, 2003).

• ***Deep water running* e *water running***

Pode ser utilizado em águas profundas, sem impacto, bem como em águas rasas (nível da água da cintura até o ombro), com impacto. Os exercícios são variados e buscam um condicionamento físico geral do atleta, promovendo o fortalecimento muscular e o condicionamento cardiorrespiratório (Aboarrage, 2003).

• **Exercícios aquáticos**

Direcionados, sobretudo, para a resistência cardiorrespiratória e muscular, os exercícios aquáticos tonificam o músculo e auxiliam na recuperação da lesão, independentemente do uso de materiais.

• ***Hidro power***

É utilizado por atletas e pessoas saudáveis com níveis elevados de condicionamento físico, com vista ao aumento de massa muscular. Também pode funcionar como complemento dos treinamentos de campo. Neste tipo de estratégia, o uso de equipamento é importante, uma vez que, mesmo com execução correta, o praticante não é exposto a cargas significativas se utilizar somente seu próprio corpo. Alguns dos equipamentos mais utilizados são os resistivos, elásticos e peso (Aboarrage, 2003).

Ao que parece, a sobrecarga muscular aperfeiçoa a integridade estrutural e funcional dos tendões e ligamentos, proporcionando um aumento no nível de prevenção contra a ocorrência de lesões articulares e musculares.

O *hidroesporte treinamento complementar*, como informa Aboarrage (2003), é um trabalho no qual se utiliza da exercitação na água como estratégia complementar ao treinamento tradicional e específico do esporte. Este trabalho visa à integridade tanto física quanto psicológica do atleta e promove longevidade na prática esportiva.

O Manual AEA (2001), quando se refere à análise do movimento, explica que o planejamento dos exercícios é um fator fundamental para que um programa de exercitação tenha sucesso. Para isso, argumenta o manual que todo instrutor deve ter conhecimento suficiente para promover um trabalho equilibrado, que desenvolva a resistência e o equilíbrio da musculatura, bem como o alinhamento e a boa mecânica da estrutura corporal.

A preocupação em determinar um padrão de movimento adequado ao objetivo dos exercícios não é encontrado no manual. No entanto, é feita uma abordagem direta acerca dos benefícios de se ter consciência da mecânica corporal envolvida na execução de cada exercício, assim como da importância de analisar uma articulação por vez, para que se tenha compreensão dos músculos estimulados. Um exemplo disso pode ser visto na recomendação de que se incluam os movimentos de extensão e flexão do cotovelo nos programas de exercícios, para que os bíceps, tríceps e os outros músculos da parte superior do corpo sejam trabalhados (Manual AEA, 2001, p.36).

Case (1998) adverte que, quanto mais horas de exercícios você acumula na água, mais bem habilitado estará para entender como a água atua na exercitação. A autora explica desde a forma correta de entrar na água até a posição inicial a ser utilizada para a execução dos exercícios e orienta o executante que "...aclimate seu corpo à temperatura, pressão e flutuabilidade da água; ajuste seu ritmo de respiração, mantenha o pescoço e os ombros relaxados e use toda região plantar dos pés para se mover" (p. 34). Entendemos que há uma orientação em como executar os exercícios, apesar de não ser apresentado um padrão motor claramente definido.

Até o ponto em que é possível perceber as propostas pedagógicas, focam-se pontos importantes para o desenvolvimento das aulas. Movimentos são apresentados, seja sobre a forma de ilustração ou fotos; as dosagens para cada fim específico são sugeridas; a organização dos conteúdos é comentada e, de vez em quando, fala-se da necessidade da observação. De forma geral, este tipo de conteúdo está muito centrado no que o professor deve fazer, e não exatamente em como ele deve fazer. É dito, por exemplo, e em vários momentos a idéia perpassa os textos, que o professor deve observar, porém pouco é dito acerca do como ele deve observar e dos problemas inerentes a esta importante etapa da ação pedagógica.

7.1 A Estratégia da Análise Qualitativa como Componente Pedagógico

A hidroginástica cada vez mais é utilizada por indivíduos que procuram por meio da atividade física suprir carências relacionadas à saúde e, como se viu, ela parece oferecer condições mínimas necessárias ao atendimento de tais expectativas, desde que a prática obedeça a certos padrões de qualidade.

Tudo nos leva a crer que o desenvolvimento inicial desta modalidade ocorreu sem que houvesse a preocupação de se fundamentar os elementos nela contidos em princípios cientificamente válidos, ou seja, sem apoiar estratégias e procedimentos pedagógicos diversos em informações obtidas por meio de estudos voltados para as atividades em meio líquido, relacionando fatores que influenciam na prática da atividade, como os fisiológicos, anatômicos e biomecânicos. No entanto, é nítido que este quadro inicial vem mudando a par e passo.

Como se viu, os fatores intervenientes, entre eles o destaque para os fisiológicos, vêm sendo mais estudados e, a cada dia, esclarecem-se dúvidas para as quais, no início da prática da atividade, não havia respostas (Kruel 1994; Nakanishi e Yokoo, 1999; Heithold e Glass, 2002; Di Mais, 2004).

Não obstante a importância de tal ocorrência, a ênfase exacerbada nos aspectos fisiológicos do corpo imerso tem feito que outros fatores, entre eles os anatômicos, os psicológicos e os biomecânicos, fiquem em segundo plano. Como resultado disso, propicia-se às aulas razoável fundamentação fisiológica, deixando descobertos outros aspectos que, se estudados, viabilizariam um trabalho pedagógico mais completo em torno da qualidade de execução dos movimentos.

Sabe-se que a mecânica motora é responsável pela qualidade do movimento e, conseqüentemente, constitui peça de fundamental importância para o alcance pleno dos objetivos preestabelecidos no planejamento. Mesmo quando a prática da hidroginástica tem como objetivo o condicionamento cardiorrespiratório, a qualidade técnica do movimento corporal que compreende os exercícios é fator primordial, embora os profissionais, norteados por este objetivo, estejam hoje mais atentos a variáveis como freqüência cardíaca e volume de oxigênio. Quando o objetivo é a resposta muscular, o ato mecânico implicado no trabalho corporal consciente assume papel ainda mais importante, tendo em vista a sua relação direta com a condição de ação da mecânica muscular.

Grande parte dos professores de Educação Física que ministram aulas de hidroginástica não percebe que o aluno é o elemento principal na prática da atividade. Como resultado desta incompreensão, este é tratado meramente como indivíduo-objeto, e não como indivíduo-próprio, que possui identidade, capacidade e limitações, um ser plenamente dotado de intencionalidade (Gonçalves, 1994).

Disto decorre que o aluno é visto como um mero repetidor de condutas motoras consideradas importantes pelos professores. É exatamente pensando no aluno como indivíduo próprio que se deve melhor preparar e ministrar as aulas de hidroginástica, assim como em qualquer outro contexto pedagógico.

Portanto, parece ser interessante exercitar nas aulas de hidroginástica a consciência corporal dos praticantes. Trata-se de um tema bastante abrangente, por isso, dentro das limitações deste livro, serão superficialmente tocadas as relações entre a consciência corporal e a realização dos movimentos corporais direcionados ao trabalho muscular em hidroginástica, sobretudo no que diz respeito à capacidade do professor de Educação Física em orientar o processo de movimentação exercitadora.

Para orientar o processo de exercitação, é interessante compreender alguns termos, entre eles habilidade motora, execução e resultado. Estes termos possibilitaram a classificação de eventos, etapas e produtos resultantes da ação pedagógica implantada no contexto da hidroginástica.

Hay e Reid (1985) citam que habilidade motora é uma série de movimentos voluntários do corpo humano, designados para atingir um objetivo especial. Na hidroginástica, esses movimentos voluntários são utilizados com o propósito de aproveitar as características físicas do meio líquido, já descritas anteriormente, no sentido de estimular as mudanças, corporais ou não, esperadas.

Para os autores, execução é a maneira pela qual todos os movimentos que contêm uma habilidade motora são realizados, enquanto o resultado é a medida dos efeitos propiciados pela execução. A execução deve constituir a maior preocupação do professor de Educação Física, quando ele observa as ações de seus alunos com o propósito de identificar os pontos críticos que devem ser respeitados, para garantir o aproveitamento pleno dos estímulos físicos induzidos pelo meio líquido. Os indicadores desta execução estão fisicamente presentes na habilidade motora. Os resultados, portanto, só nos demonstraram o nível de eficácia e eficiência do processo; em outras palavras, eles denotam o alcance do processo, e não seus acertos e falhas.

Há, dessa forma, a necessidade de se adotar métodos apropriados de ação pedagógica que possibilitem a intervenção no processo. Uma orientação metodológica bastante eficaz e atual, embora não tenha surgido em tempos tão modernos, é denominada *análise qualitativa*.

A avaliação qualitativa consiste em uma avaliação sistemática, não somente dos resultados, mas, também, de todos os vários fatores que contribuem para o resultado. É baseada em dados obtidos a partir da observação visual da execução. Por isso, é necessário que o professor tenha o conhecimento técnico do movimento em questão e do objetivo a ser alcançado, para que possa proceder ao uso deste tipo de estratégia (Hay e Heid, 1995).

Considerando a dificuldade que seria sugerir alguma mudança na execução do movimento, caso não se conhecesse o objetivo a ser alcançado e os meios utilizados para alcançá-lo, recomenda-se que o professor tenha o maior número de informações relativas às habilidades motoras que norteiam a execução, podendo, assim, desenvolver com sucesso o sistema de análise qualitativa.

Devido à falta de informação por parte dos professores de hidroginástica em relação ao aparato motor utilizado para exercitar força muscular, o alcance deste objetivo vem criando polêmica no meio aquático, por não ser observado ganho significativo na capacidade de geração de força muscular em determinados movimentos, especialmente em indivíduos que praticam esta modalidade há algum tempo. Talvez isto ocorra, em parte, porque os professores se preocupam em ser excelentes motivadores e ilustradores e conheçam ainda muito pouco sobre as questões técnicas envolvidas no movimento dentro d'água. Em outras palavras, conhecem e utilizam pouco a compreensão cênica do movimento aliada às suas características biomecânicas.

Conforme citado acima, o sistema de análise qualitativa, em nosso caso o proposto por Hay e Reid (1995), consiste de quatro fases: 1) desenvolvimento de um modelo; 2) observação da execução; 3) indicação das faltas; e 4) instrução do praticante.

No trabalho de investigação que propiciou a geração deste manuscrito, em razão do que queríamos descobrir, passamos as três primeiras etapas da estratégia proposta pelos autores e, desta forma, não entramos no campo da intervenção. A elaboração dos modelos de movimento foi realizada na etapa de preparação metodológica do estudo, para que eles pudessem ser utilizados nos instrumentos de coleta de dados. Já as etapas de observação da execução e identificação das faltas constituíram a base da parte experimental do estudo.

7.2 Observação da Execução

Dado o teor da investigação, a qualidade da observação visual constitui o fulcro de todo o processo, tendo em vista entendermos que, durante a execução de uma habilidade motora, em geral o observador olha a execução e adquire informações. Porém cabe lembrar que Hay e Reid (1995) orientam que, para realizarmos boas e completas análises qualitativas, é interessante, sempre que possível, serem utilizadas as outras formas adicionais de observação: auditiva, tátil e sinestésica, as quais, como se sabe, utilizam outros mecanismos biológicos de sensibilização, propiciando, se bem articuladas, uma percepção mais fidedigna dos fenômenos em exame.

7.2.1 Tipos de Observação

7.2.1.1 Auditiva

O sistema auditivo converte a energia das ondas sonoras em sensação de som e pode ser uma importante fonte de informações para o observador (Knudson e Morrison, 2001). A interação do ouvido com o cérebro permite perceber a freqüência das ondas sonoras e sua amplitude.

A execução de uma habilidade motora é geralmente acompanhada de certa quantidade de barulho. A hidroginástica gera sons peculiares, que podem ser usados para fornecer informações sobre o movimento durante a sua execução, tornando possível a estimativa de intensidade e da posição ocupada pelos membros em movimento, os quais poderão estar abaixo ou ao nível da água. Este tipo de observação é especialmente importante para as habilidades em que o ritmo constitui fator relevante. Knudson e Morrison (2001) acreditam que apenas professores experientes possam obter resultados satisfatórios, tendo em vista o fato de fazerem uso das informações auditivas para completar aquelas obtidas de outras fontes.

7.2.1.2 Tátil

O sentido do tato, através de biosensores localizados na pele, permite a percepção da forma corporal, da área de superfície e da temperatura dos objetos. Segundo Knudson e Morrison (2001), esta observação pode fornecer grande quantidade de informações sobre o desempenho, sobretudo em relação à sensibilização dos biosensores de pressão de toque.

Neste caso, o observador deve estar em contato direto com o executante, tocando-o quando necessário, um tipo de estratégia muito utilizado pelo técnico de ginástica artística, que coloca a sua mão no ginasta para completar dado movimento. Neste caso, o observador fica bem próximo do ginasta para ver claramente o que está acontecendo, o que torna impraticável a observação visual. Contudo, ele pode obter uma boa impressão da execução por meio das impressões táteis, as quais podem ser associadas, em outra etapa, àquelas obtidas por meio de observação visual.

7.2.1.3 Sinestésica

Trata-se da percepção consciente da posição e dos movimentos das diferentes partes do corpo, por parte do próprio executante. Na medida em que aumenta seu nível de conhecimento da habilidade motora, desenvolve maior sentido sinestésico de seu desempenho.

Esta observação depende do executante, pois ele deve sentir os movimentos, interpretá-los e informar ao professor quando solicitado. Segundo Hay e Reid (1985), esta observação é pouco utilizada pelos professores e técnicos, mesmo que ela seja valiosa para obter informações adicionais. Os autores ainda comentam que o executante é o único que tem condições para observar a execução de um ponto de vista sinestésico. Por isso, é necessário treiná-lo para o ato da percepção, bem como da elaboração do relato. Desta forma, para obter uma precisa observação dos movimentos, o executante deverá ter desenvolvido o aprendizado da habilidade motora, de maneira analítica, tornando-se experiente o suficiente para este propósito. Neste caso, o professor deverá sempre perguntar ao executante, após cada tentativa, como se sentiu em relação ao movimento, o que pressupõe também a necessária existência de uma comunicação.

7.2.1.4 Visual

Talvez seja esta a forma de observação mais utilizada por profissionais de Educação Física. Os olhos são os instrumentos biológicos da visão; captam imagens e transmitem a informação para o cérebro, através do nervo óptico. No cérebro, essas imagens são decodificadas para permitir a visão.

Segundo Hay e Heid (1985), há duas formas de observação visual que podem ser aplicadas no processo pedagógico: a observação visual direta dos movimentos executados e a observação indireta, na qual são utilizadas as marcas que, eventualmente, permanecem após a execução da habilidade motora.

Na hidroginástica, as marcas após a execução são de caráter transitório, pois as únicas que poderiam ser utilizadas com este fim são aquelas produzidas pelo arrasto, as quais, infelizmente, rapidamente se desfazem, tendo o professor que ser muito rápido na identificação dos sinais. Por isso, a estratégia a ser utilizada deve ser preferencialmente direta.

A utilização da câmera fotográfica e/ou de vídeo auxilia no aumento da probabilidade de o observador obter dados precisos acerca da execução. Por este motivo, em nossa investigação, a observação foi a de enfoque visual direto com a utilização do videoteipe.

Quando utilizado corretamente, o videoteipe pode oferecer outros benefícios que contribuem com a melhora da observação. Segundo Hay e Reid (1985), as aulas de Educação Física e as competições esportivas não são, geralmente, desenvolvidas nas melhores condições, as quais propiciem a aquisição de uma melhor observação. É importante frisar que a observação será melhor se conseguirmos estabelecer uma situação o mais próximo possível do ideal, da execução real da habilidade motora proposta, sem que haja a interveniência de outros fatores, como, por exemplo, uma atividade externa que possa distrair a atenção do observador.

Knudson e Morrison (1985) ainda comentam que houve tendências na área da Educação Física que deram mais importância aos resultados e à fidedignidade que às variáveis do processo, levando a falta de qualificação profissional à habilidade de observar.

Se o professor for capaz de perceber exatamente o que o executante faz, certamente as decisões pedagógicas serão muito melhores e apropriadas do que se lhe faltasse esta habilidade (Hay e Reid, 1985).

Para a consecução da observação, os autores sugerem o seguinte fluxo de procedimentos, que foram adotados em nosso experimento:

- Orientar o aquecimento;
- Executar determinado número de repetições da habilidade, em seu tempo normal; 15 a 20 repetições são ideais para que a análise tenha mais chances de ser precisa e eficiente;
- O observador não fará nenhum comentário durante toda a fase da execução das repetições;
- O observador deve ficar em determinada posição para iniciar a observação.

No momento da execução do movimento, deve-se considerar a posição ideal do observador em relação ao executante. Isso depende do tipo de habilidade e de suas características. Para Hay e Reid (1985), na maioria dos casos, para a adoção da posição ideal, deve ser considerado o melhor local de observação, que é aquele que se tem um ângulo reto em relação à direção geral dos movimentos e um ângulo oposto ao ponto de interesse.

Outro fator que deve ser considerado é a distância entre observador e executante. Esta deve ser de tal magnitude que permita ao observador obter a visão mais clara possível da execução.

Na hidroginástica, outros fatores, como, por exemplo, o fenômeno da refração, influenciarão de forma significativa a qualidade da observação.

7.3 Fatores Intervenientes na Observação Visual

7.3.1 Refração

A refração é um fator com o potencial de influenciar significativamente o processo de observação, pois, dependendo da distância entre professor e aluno, a forma geral dos movimentos apresentar-se-á completamente alterada. Como conseqüência, a intervenção objetivando a correção dos exercícios pode não ser apropriada, e provavelmente o será, em razão da deficiência na percepção do movimento por parte do professor.

A refração é um fenômeno ótico que se manifesta em condições multimeio; no caso da hidroginástica, o ar, onde está o professor, e a água, onde está o executante. A relação entre a velocidade da luz nos dois meios é chamada *índice de refração*. Na Tabela 7.1, vê-se o valor da velocidade da luz em diversos meios. Na última coluna, vê-se o índice de refração, supondo-se que a luz vai do ar para o outro meio. Então, se a luz vai do ar para o vidro, o índice de refração *n* é dado pela divisão da velocidade da luz no ar (300.000 km/s) pela velocidade da luz no vidro (200.000 km/s). Logo, n = 1,5.

Tabela 7.1 Velocidade da luz e índice de refração em diferentes meios

Meio	Velocidade da luz (km/s)	n = Índice de refração
Ar	300.000	1,00
Água	225.000	1,33
Vidro	200.000	1,50
Diamante	125.000	2,40

Quanto maior o índice de refração de um material em relação ao ar, maior será o desvio da luz quando passa deste para o material. A Figura 7.1 demonstra o desvio da luz, ao passar do ar para os três meios relacionados na tabela acima. Em todos os casos, a luz incide na interface, que separa os meios com um ângulo de 60°, para que se possa comparar. O desvio é maior para o diamante, que tem o maior índice de refração.

Para quem quer aumentar a resistência ao deslocamento, favorecendo aumento da sobrecarga nos exercícios, faz uso do conhecimento do arrasto de interferência negativo (Figuras 5.4 a 5.7), ou seja, fluxos distintos de água que se cruzam, potencializando ainda mais o aumento da resistência ao deslocamento de um segmento. Outro ponto importante é que o arrasto de interferência pode ser *interno*, quando ocorre o cruzamento de segmentos. Por exemplo, quando a força de uma perna produz uma massa de água que irá se opor à ação da outra perna (Figuras 5.6 e 5.7); classificar-se-á como arrasto de interferência *externo* (Figuras 5.4 e 5.5) quando uma massa de água for movida pelo próprio executante ou outro indivíduo, e o movimento subseqüente contrapor à inércia do primeiro deslocamento da massa de água.

Dessa forma, utilizaremos o arrasto de interferência concomitantemente à Segunda Lei de Newton: "*Mutationem motis proportionalem esse vi motrici impressae, etfieri secundum lineam rectam qua vis illa imprimitur*", que significa que a mudança de movimento é proporcional à força motora imprimida, e é produzida na direção da linha reta, na qual aquela força é imprimida. Sendo assim, para mudarmos um segmento de direção, devemos aplicar uma força igual à desencadeada, aumentando ainda mais as exigências oferecidas ao organismo executante do movimento.

Portanto, os movimentos característicos da *hidrodouble action* proporcionarão uma fantástica interação entre estes dois fenômenos físicos em virtude de cada exercício, e desencadearão são mudanças de direção dos segmentos, ocasionando fluxos de interferência negativa internos e externos.

A *hidrodouble action* é uma proposta de estimulação aquática, que tem como base a realização de exercícios que envolvem a movimentação dos segmentos corporais de forma *seriada*, com mudanças de planos anatômicos para a maximização das ações dos arrastos de forma e interferência. No primeiro momento, o conjunto de movimentos deve ser realizado com intervalos entre as mudanças de planos (direção), caracterizando, assim, a realização de dois exercícios executados de forma discreta. Mas depois de aprendido, o aluno tornar-se-á apto para a execução dos movimentos com mudanças de plano anatômico de forma seriada e contínua.

Mas qual a diferença entre movimentos discretos e movimentos seriados? Para Schmidt e Wrisberg (2001), as habilidades discretas são exercícios organizados de maneira que a ação seja geralmente breve em duração e tenha início e fim bem definidos. Estes tipos de movimento são muito observados nos aparelhos de musculação. Os mesmos autores definem ainda as habilidades seriadas como um tipo de organização do exercício caracterizado por várias ações discretas conectadas em uma seqüência, sendo, freqüentemente, a ordem da ação crucial para o sucesso da execução, por exemplo, movimentos comuns no nosso cotidiano, como subir as escadas de um ônibus.

Com a tentativa de simplificar o aprendizado, tradicionalmente se opta pelo ensino de habilidades discretas, entretanto, uma pergunta que tem ganhado força em treinamento voltado à saúde é: serão as habilidades treinadas em academia transferíveis para as tarefas do mundo real? Em outras palavras: os movimentos aprendidos tradicionalmente de forma discreta, como os que vemos geralmente nas aulas de hidroginástica, apresentariam vantagens em termos de movimentos mais ecológicos, isto é, característicos de situações do nosso cotidiano?

Há indícios de que as transferências são limitadas, mas isto não tem nada a ver com o potencial do meio líquido, mas com a estrutura dos programas de treinamento. Por exemplo, quando falamos em natação, geralmente pensamos nos quatro nados culturalmente determinados, entretanto, estas formas de nadar apresentam em alguns momentos limitações graves para a saúde e estética. Desta forma, o problema mais uma vez não é o ambiente aquático, mas o modo como organizamos nossos pontos-chaves de treinamento.

As questões levantadas nos dois últimos parágrafos lidam com as limitações dos processos de ensino tradicionalistas.

Agora, se por "infelicidade" o exercício tiver que ser aprendido e realizado em meio líquido, a complexidade deste processo tenderá a aumentar exponencialmente, tanto pela ausência de um *feedback* extrínseco (espelho), impedindo a visão do movimento e da limitação na compreensão de informar dicas que facilitem o aprendizado, quanto pela condição ímpar dos princípios físicos do meio líquido, que modificam estruturas corporais. Indubitavelmente, o professor será induzido a utilizar o predomínio de exercícios discretos em seu programa de treinamento, limitando as possibilidades de transferência de domínios motores.

Outro problema é a tentativa de localizar o treinamento para determinado tipo de grupamento muscular, isolando, assim, alguns poucos músculos e reproduzindo repetições discretas e sistemáticas. A contribuição destas ações para a transferência de força em atividades do mundo real parece muito limitada.

Portanto, a *hidrodouble action* não é uma metodologia de treinamento que tem como princípio negar outras propostas; na verdade, a idéia é inserir exercícios com mudanças de planos anatômicos para a maximização do arrasto de interferência, aumentando a complexidade na realização de movimentos mais comuns do dia-a-dia.

5.8 Treinar é Coisa Séria... Conversando com Whitesharkman

Water Force: uma questão de atitude

Nós sabemos que todo ser humano sonha, mas nem todos têm coragem de encarar seus sonhos, isto é, nem todas as pessoas acreditam que um sonho é uma premonição de algo real. Ao longo da nossa história, vários foram os homens e mulheres que morreram por suas crenças (Jesus, Joana D´Arc, Martin Luther King e Mohandas K. Gandhy são exemplos de pessoas que foram assassinadas por seus ideais... e lembre-se que os ideais destas pessoas iluminadas não eram bens materiais). Hoje, pessoas que lutam por suas crenças estão quase extintas. Bem, recentemente perdemos outros seres fantásticos, que lutaram até o último minuto de vida por seus ideais (Madre Teresa de Calcutá, Chico Mendes , Karol Wojtyla e Chico Xavier). Agora você sabe o que distingue estes sete seres fantásticos de pessoas normais?

É simples, e de tão simples as pessoas tentam transformar em algo complexo.

Particularmente, acredito que eles eram guerreiros, passavam o dia inteiro pensando em seus ideais, planejavam detalhadamente suas próximas iniciativas e se cercavam por pares que continham em si o mesmo poder de obstinação.

Entretanto, a maioria de nós, hoje, é, ou pelo menos acredita ser, apenas mais um em um universo, portanto somos quase irreconhecíveis frente a tantos com tantos poderes, sejam eles físicos, mentais e/ou financeiros. Neste jogo de perdas, muitos se tornam fracos, submissos e covardes.

FRACOS... porque não têm coragem de lutar, de acreditar ou de, pelo menos, se dedicar. Quero que entendam que dedicação aqui não deve ser compreendida como repetição sem consciência (sou pontual no meu trabalho ou não falto a nenhum treino), mas, sim, ação com reflexão em todo momento (como será minha aula hoje, o que vou explorar, o que descobrirei);

SUBMISSOS...porque muitos passam a fugir de seus problemas e dedicam seu tempo de vida a refletir em como fazer as coisas ficarem mais fáceis, portanto muitos se tornam reféns de informações baratas e espúrias que a mídia nos apresenta, sobre quem nós somos, o que podemos fazer e quais são as nossas limitações;

COVARDES... porque perdem o espírito guerreiro dos animais, que deve ser entendido como a furiosa e intensa luta pela sobrevivência. Hoje, muitos conseguem viver razoavelmente, aceitando de forma passiva as limitações que, sobre eles, outros tentam impor. Há pessoas que até dizem: "Importar-se para quê?"; "Lutar por quem?"; "Dedicar-me para quê?".

FRACOS, SUBMISSOS e COVARDES... entendam:

Nós temos pena de vocês, muita pena mesmo.

Porém, gostaríamos que todos os que agem como as três palavras citadas no parágrafo anterior fossem sinceramente abençoadas por um *TSUNAMI* ou devorados por um *CARCHARODINTHIS CARCHARIE*, ou até arrastados para as profundezas por um imenso REDEMOINHO.

Se você quer ser um guerreiro, deve lutar, acreditar em seus sonhos e se cercar de amigos que tenham obstinação.

E é assim que nós do WATER FORCE vivemos o sonho que se tornará realidade, o mito que será desmantelado.

Portanto, BROTHERS D´ÁGUA, não ousem desistir...

Pensem...nos sete guerreiros, acreditem em seus sonhos e lutem até o último.

O resultado será inacreditável para muitos e farsa para outros.

Mas, no final, os insensatos irão sucumbir à magia do universo aquático, e veremos muitos que outrora pragmatizaram contra vivendo dos resultados da incrível força da água.

Que aqui seja feita a vontade do homem, porque se ele acreditar, o universo se abrirá e o louro da vitória será inevitável.

MAS CUIDADO...

Se você é um fracassado e está no meio de nós, prepare-se, pois enfrentará a fúria dos mares.

Para evitar esta tragédia, só existem duas opções:

COMECE JÁ A LUTAR OU FUJA PARA A TERRA.

Whitesharkman

Capítulo 6

pesquisas sobre força no meio líquido

Tauton; Rhodes; Wolski; Donelly; Warren; Elliot; McFariane; Leslie; Mitchell; e Lauridsen (1996) avaliaram o efeito de exercícios em terra e em água, sobre aptidão cardiovascular, força e flexibilidade, em mulheres com idade entre 65 e 75 anos. O estudo investigou 41 mulheres saudáveis e sedentárias, durante 12 semanas, três vezes por semana, por 45 minutos. Eram examinadas antes, durante e após o treinamento, com uso dos testes de *handgrip* (apreensão manual), flexão de braços e abdominais. O grupo de terra mostrou uma melhora significativa no número total de abdominais ($p<0,05$); não houve diferença significativa no *handgrip* e nas flexões de braços. Os resultados mostram que intervenções de exercícios gerais resultaram em melhoras, em aptidão cardiovascular (para ambos os grupos) e resistência abdominal para o programa em terra, mas os dois programas de exercícios usados não foram específicos o bastante ou o tempo não foi suficiente para causar melhora em força muscular, flexibilidade e composição corporal.

Bravo, Gauthier, Roy, Payette e Gaulin (1997) avaliaram os efeitos de um programa de exercício aquático, para 77 mulheres de uma cidade canadense. Todas as participantes apresentavam densidade mineral óssea reduzida e idade entre 50 e 70 anos. As mulheres se exercitaram em uma piscina, por 60 minutos, três dias por semana, durante 12 meses. Quarenta minutos de cada sessão eram dedicados para saltos sucessivos e exercícios musculares, projetados para promover crescimento ósseo, força e resistência. A força e a resistência foram afetadas significativamente ($p<0,01$) após o programa.

Ruoti, Troup e Berger (1994) estudaram o efeito de exercícios aquáticos em 12 idosos (homens e mulheres), que praticaram hidroginástica durante 12 semanas. Foram encontrados valores superiores e significativos ($p<0,05$) para capacidade de trabalho em movimentos de adução e abdução da articulação do ombro e flexão e extensão desta.

Di Masi (2000) comparou oito mulheres: quatro no grupo controle e quatro no grupo experimental. Os exercícios localizados foram realizados em 16 sessões, e os equipamentos utilizados foram os resistidos, para aumentar a área de superfície de contato. Verificou-se que não houve diferença significativa para força muscular e para extensão da articulação do joelho, por meio do teste de 1RM.

Di Masi et al. (2001), em estudo *ex-post-facto*, comparou a força de membros superiores e inferiores entre 16 mulheres praticantes de hidroginástica e musculação, encontrando valores maiores para força no grupo de musculação. Os autores atestam que os resultados já eram esperados e argumentam que o grupo de musculação, além de treinar especificamente força, contava com o fator *aprendizado*, tendo em vista estarem treinados no uso do aparelho utilizado no teste.

Schwans (1987) fez um experimento comparando o exercício de pesos fora d'água com exercícios dentro d'água (com flutuadores), para o desenvolvimento da força dos movimentos da articulação do joelho. Foram analisados 37 homens e mulheres, durante oito semanas de treinamento, e o treinamento em solo surtiu melhor resultado para força, enquanto o treinamento na água foi mais eficiênte para resistência.

Balsamo (2002) comparou a densidade mineral óssea (DMO) entre 15 mulheres praticantes de musculação, 22 mulheres praticantes de hidroginástica e 26 mulheres sedentárias, com idade entre 50 e 55 anos. Todas estavam na pós-menopausa e faziam reposição hormonal, há, no mínimo, um ano. Os resultados demonstraram diferença significativa ($p>0,05$) entre as participantes de musculação e as sedentárias. Constatou-se, também, diferença significativa entre as praticantes de hidroginástica e as sedentárias. Não foi encontrada diferença significativa quando comparadas as praticantes de hidroginástica às de musculação, o que sugere um aspecto positivo em relação à prática das atividades para uma maior DMO.

Muller (2002) analisou os efeitos de um programa de treinamento de força muscular, realizado na hidroginástica, sobre a capacidade de gerar força máxima dinâmica com os flexores horizontais do ombro em mulheres idosas. O programa teve a duração de 12 semanas, duas vezes por semana, e totalizou 24 sessões de treinamento. A amostra foi composta por vinte mulheres: dez participantes de um programa tradicional de hidroginástica (GE1) e as outras dez participantes de um programa tradicional da mesma modalidade, com ênfase no treinamento de força e utilização de equipamentos resistivos, com o objetivo de aumentar a resistência ao movimento (GE2). Além deste, havia um grupo controle, que não foi submetido ao tratamento experimental. Os resultados demonstraram um aumento estatisticamente significativo na força máxima dinâmica apenas para GE2. A autora conclui que a hidroginástica pode ser uma atividade adequada para o aumento da força máxima dinâmica de flexores do ombro em idosas, desde que utilizada uma periodização específica.

Pöyhönen et al. (2002) investigaram os efeitos de dez semanas de treinamento contra a resistência da água, com o objetivo de melhorar o desempenho neuromuscular e dos músculos extensores e flexores dos joelhos em mulheres saudáveis. Foram analisadas 24 mulheres saudáveis (34.2 +/- 3.9 anos) (N = 12), que fizeram exercícios no meio líquido, e o grupo controle, que não se submeteu ao treino (N = 12). Foi medido o torque, na máxima extensão e flexão dos joelhos, com velocidades angulares constantes, de 60 e 180 graus/s. Os resultados demonstraram que houve uma melhora significativa no torque dos músculos extensores e flexores dos joelhos, acompanhados da melhora proporcional em ativação neural, além de um aumento significativo da massa magra dos músculos treinados. Os autores concluíram que um treinamento aquático para condicionamento neuromuscular mostrou-se eficaz para pessoas saudáveis.

Ao que parece, o exercício aquático traz mais benefícios para indivíduos sedentários e com idade mais avançada, no que diz respeito a ganho de força, já que os melhores resultados obtidos são para a força resistente.

Pelo que podemos notar, existe a necessidade de se investigar populações que pratiquem trabalho específico para força dentro d'água, pois não se pode esperar resultados positivos sobre esta qualidade física quando ela não é treinada de maneira periodizada, utilizando-se padrões de movimentos específicos para cada grupo muscular (Muller, 2002).

Embora vários experimentos demonstrem as diferenças em parâmetros fisiológicos entre exercícios em água e em terra (Svedenhag e Segen, 1992; Di Mais, 2000; e Soares, 2003), programas de treinamento com freqüência, duração e intensidade similares, realizados na água e em terra, podem aprimorar os componentes do *fitness* (Alves et al., 2004).

As pesquisas realizadas com o objetivo de mensurar melhoras nos componentes de aptidão física, em sua maioria, avaliam a mudança em força muscular e, em geral indivíduos idosos são os participantes (Madureira et al., 1998; Tuker, L. M., 1983; Furtado, 2003; Di Mais et al., 2001).

Verificou-se que pesquisas como as citadas acima não atentam para a forma de utilização do corpo com vistas a uma boa execução do exercício. Isto é um indicativo de que as informações que poderiam contribuir para a melhora da capacidade técnico-pedagógica do professor, no que diz respeito à observação e análise da execução das técnicas motoras utilizadas como exercitação, não são veiculadas na literatura específica.

Em certa medida, isso pode ser considerado tanto uma contradição quanto uma falta. Isso porque, tendo em vista que a qualidade do movimento corporal constitui variável interveniente de grande importância nos resultados obtidos com a prática da atividade, é uma contradição isso não ser abordado com maior freqüência nas pesquisas que discutem fatores intervenientes e resultados obtidos. Consiste em uma falta, na medida em que o profissional precisa deste tipo de informação para exercer melhor sua atividade, e ela não está disponível.

O produto disso tudo é que, como a literatura não focaliza as técnicas corporais e, a execução dos movimentos, os professores sofrem com a carência dessas informações, dificultando sua ação, em relação à observação e avaliação das técnicas motoras na realização dos exercícios, prejudicando todo o processo pedagógico que virá a seguir.

Junta-se a tudo isso o fato da possibilidade de o professor nem sempre se preocupar em saber o que está acontecendo com as manifestações físico-corporais do aluno, tendo em vista estar com a atenção voltada puramente para indicadores fisiológicos ou, ainda pior, diretamente ao resultado. Isso faz que o aluno se transforme em mero reprodutor de movimentos e ações previamente estipuladas e demonstradas pelo professor, o qual, geralmente, está fora d´água.

Nesse contexto, preocupamo-nos com sensibilidade, capacidade perceptiva e conhecimento técnico do professor para interpretar as mensagens que chegam até ele, oriundas das expressões motoras de seus alunos. De posse dos dados interpretados, o professor deve, mantendo ainda o ato da observação, intervir nas ações do aluno, propondo as devidas correções.

Existem diferentes mecanismos a serem utilizados neste trabalho, entre eles os que Hay e Reid (1985) denominaram *formas adicionais de observação*, que são: auditiva, tátil, sinestésica e visual, as quais, como se pode ver, utilizam diferentes mecanismos biológicos de sensibilização. Poderemos observar esses mecanismos detalhadamente no capítulo 7.

Capítulo 7

breve relato sobre o estado da arte da proposta pedagógica

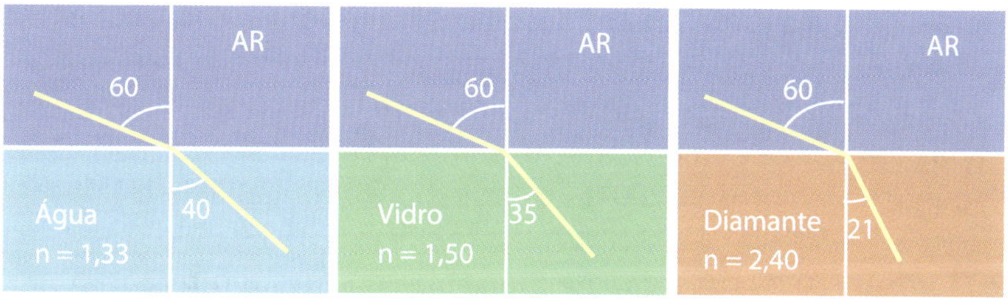

Figura 7.1 O caminho da luz partindo do ar para a água, vidro e diamante, respectivamente.

Observa-se, também, que o caminho da luz é reversível, isto é, a figura acima mostra a luz passando do ar para outro meio, mas também serve para mostrar a luz ao passar do outro meio para o ar. Por exemplo, se a luz vem da água com um ângulo de 40°, ela passará para o ar com um ângulo de 60°. Portanto, quando o feixe de luz passa de um meio para outro, em que sua velocidade é maior, ele se afasta da normal. A compreensão deste fenômeno é essencial para entender que, quando se observa um aluno dentro d'água, deve-se manter uma distância adequada, para capturar dados precisos e, desta forma, intervir com precisão.

Segundo Pavel (1989), quando um professor de 1,70 m de altura posiciona-se na borda da piscina, a 30 cm do nível da água, para observar três nadadores, que têm uma distância entre eles de 2,5 m e que, ao nadarem, posicionam suas braçadas a 50 cm de profundidade, a braçada do mais próximo é observada a 45 cm, a do seguinte, a 30 cm e a do último, a 22 cm. Assim, o autor preconiza que, ao observar o aluno na borda da piscina, o professor deve manter uma distância de, no máximo 2 metros, para que haja eficácia no processo de ensino-aprendizagem.

7.3.2 Freqüência de Observação

Seguramente, uma ótima orientação relativa à execução do movimento proporcionará ao aluno informações que lhe permitam construir uma precisa percepção dos seus movimentos. Isto é fundamentalmente importante para alunos iniciantes, uma vez que geralmente apresentam um desempenho irregular, com muitos erros, sendo necessário que sejam observados com maior freqüência.

Embora as ações corporais simples e lentas possam ser observadas em apenas uma tentativa, é importante observar mais vezes (Knundson e Morrison, 2001). Estudos sobre a confiabilidade (Mosher e Shutz, 1983; Paiter, 1990; Ulrich, Ulrich e Branta, 1988, apud Knundson e Morrison, 2001) sugerem que cinco observações, em geral, são suficientes para que se obtenham dados com qualidade.

7.3.3 Foco da Observação

Na maioria das vezes, a dificuldade dos professores em determinar a correta execução não está na capacidade de elaboração da intervenção, mas antes disso, em como observar as faltas cometidas pelos executantes. Para que isso aconteça, há a necessidade de se utilizar estratégias de observação adequada, nas quais o observador consiga ter uma visão geral do corpo do executante, obtendo informações importantes a serem utilizadas no processo de construção e implantação das intervenções e subseqüentes avaliações.

James e Dufek (1993) sugerem quatro focos de observação. O primeiro foco deve ser o corpo como um todo; em seguida, concentrar-se na pelve, no centro de gravidade (tronco) e nos grandes grupos musculares; depois, o foco deve ser as mudanças da base de apoio, que geram força e equilíbrio; por último, foca-se nos membros, devendo o professor voltar a atenção para as articulações, e não para os segmentos específicos.

Capítulo 8

o estado da arte na capacidade de observação

O texto a seguir consiste no relato de um estudo no qual procuramos verificar as condições atuais de professores de Educação Física que trabalham com hidroginástica, em relação ao grau de utilização de procedimentos de observação no diagnóstico da execução de habilidades motoras exercitadoras. Também procuramos verificar se estratégias que visam ao treinamento da capacidade de observação conseguem promover um desenvolvimento desta capacidade nos casos em que ela se apresenta insatisfatória.

Quatrocentos professores de Educação Física que ministram aulas de hidroginástica e que participam de cursos de atualização sobre este tema foram solicitados a responder os questionários. Desse universo, foram selecionados, por meio de amostragem aleatória estratificada, cem professores que compuseram a amostra da referida investigação. Não foram considerados como sendo deste universo qualquer profissional que não tivesse formação específica em Educação Física e/ou não participasse de cursos de atualização.

Os professores participantes foram submetidos a uma pesquisa com forma transversal. O procedimento foi desenvolvido em três etapas distintas e contíguas. Primeiramente, foi apresentado um texto informativo contendo os direcionamentos gerais a serem seguidos por todos os respondentes, de forma a orientá-los quanto à forma correta de preenchimento dos questionários.

Em seguida, foi apresentado um questionário que tinha como objetivo identificar dados pertinentes ao histórico profissional dos participantes, como formação escolar, tempo de prática, local de trabalho, população que trabalha e se utilizava alguma estratégia de observação.

No terceiro momento, foi apresentado um vídeo com exercícios específicos que envolviam as articulações dos ombros e dos joelhos. Os erros de execução presentes nos movimentos do vídeo foram previamente identificados por especialistas. Os professores observavam os exercícios seguindo o fluxo de procedimento, sugerido por Hay e Haid (1985), e, durante o procedimento, registravam os erros identificados no formulário próprio.

O formulário foi projetado de forma a ser possível coletar informações acerca da capacidade de observação dos professores. A intenção foi verificar em que medida os professores conseguiam, visualizando a execução dos exercícios, identificar os erros dos movimentos de adução e abdução da articulação dos ombros, de adução e abdução horizontal da articulação dos ombros e flexão e extensão da articulação do joelho. Propositalmente, o terceiro exercício incluído mudava totalmente o foco de observação, transferindo-o da região superior do corpo para a inferior.

Para a exibição padronizada das condutas motoras, foi utilizado um videoteipe contendo as imagens da execução dos exercícios descritos anteriormente, previamente registradas a partir da execução de modelos humanos.

O tempo disponibilizado para a observação das condutas motoras realizadas foi de, aproximadamente, 12 segundos, tendo em vista ter sido identificado, previamente, foi suficiente para que se fizesse de cinco a oito observações, o que, segundo Knudson e Morrison (2001), com base nos estudos revistos sobre fidedignidade, constitui um número razoavelmente suficiente na grande maioria das situações de análise qualitativa.

8.1 O Instrumento e sua Autenticidade Científica

O instrumento de coleta constituiu-se de um questionário, em forma de planilha, composto por questões fechadas do tipo *check list* de conferência (Fink, 1985).

Os itens que compõem o instrumento foram estruturados tendo como base a análise cinesiológica e biomecânica das condutas motoras pertinentes aos exercícios a serem utilizados no estudo das capacidades observacionais dos professores.

De forma a testar a autenticidade científica do instrumento, um estudo-piloto foi proposto. Este contou com a participação de dois professores formados, envolvidos com a atividade de hidroginástica. Como o objetivo foi verificar a autenticidade científica do instrumento e não a capacidade dos profissionais, eles receberam informações, por meio de um mini-curso de 10 horas, acerca de todas as ocorrências possíveis, com o propósito de equalizar suas capacidades avaliativas, diminuindo a discrepância do nível de conhecimento entre eles.

Após esse período de preparação, foram apresentadas fitas de vídeo contento execuções de exercícios de hidroginástica aos participantes do piloto, para que pudessem proceder na captura das informações. Todos os exercícios foram apresentados aos avaliadores em duas oportunidades distintas, com intervalo de uma semana entre as apresentações, já que eles não puderam se comunicar durante o processo.

Para testar a confiabilidade e objetividade do teste, foi utilizado o coeficiente de correlação de produto momento de Pearson. Como resultado, obtivemos r = 0,80 para objetividade e 0,85 para confiabilidade, valores satisfatórios dada a natureza do teste em questão (Tritschler, 2000).

8.2 Descrição dos Exercícios Utilizados no Estudo

8.2.1 Adução e Abdução da Articulação dos Ombros

O exercício é realizado em bipedestação, com os pés afastados lateralmente e joelhos semiflexionados em, aproximadamente, 30°. A abdução e adução a vertical da articulação dos ombros são movimentos em torno do eixo sagital, no plano frontal. Inicia-se na posição neutra (0°). A abdução se faz, no sentido lateral, a um ângulo de 90°, seguida da adução, que é um movimento no plano mediossagital, no sentido medial; volta-se, então, à posição inicial (0°).

Na fase de abdução, a expectativa é que estejam atuando os músculos deltóides, dos quais, segundo Kendall, McCreary e Provance (1995), são solicitadas as fibras médias, com uma simultânea estabilização das fibras anteriores e posteriores.

Já na fase de adução, é estimado que ocorra a atuação do grande dorsal, que, tendo sua inserção proximal ligada à fração corporal de maior inércia, atua rodando medialmente, aduzindo e estendendo a articulação do ombro.

O Manual AEA (2002) recomenda que, em movimentos como o acima descrito, seja evitada a elevação dos braços acima dos ombros. Ao que parece, esta recomendação está fundada no fato de que acima de 90° de abdução, a bainha rotadora (redondo menor, subescapular, infra-espinhoso, supra-espinhoso) diminui, deixando a articulação do ombro mais vulnerável a lesões (Hamill e Knutzen, 1999).

É importante ressaltar que os movimentos acima mencionados devem ser realizados em um contexto que possibilite às musculaturas envolvidas atuar contra um gradiente de resistência. Sendo assim, ao examinarmos disposição da estrutura corporal na situação apresentada, deve-se verificar que as palmas das mãos estejam pronadas, os cotovelos estabilizados e as musculaturas que atuam sobre esta articulação, contraídas isometricamente, mantendo-a em posição de semiflexão (aproximadamente 15°) (Figuras 8.1 e 8.2).

Figura 8.1 Abdução da articulação do ombro.

Figura 8.2 Adução da articulação do ombro.

De acordo com Hamill e Knutzen (1999), o deltóide gera a metade da força muscular para a abdução da articulação do ombro, e este músculo parece ser mais resistente à fadiga na amplitude de movimento entre 45° e 90° de abdução, o que torna este movimento popular para exercícios de elevação lateral dos braços, e, por este motivo, foi escolhido para o estudo.

Outro músculo que age para deprimir e estabilizar a cabeça do úmero é o redondo menor, que tem uma força muscular igual e oposta à do deltóide, e forma um par de forças.

Os mesmos autores afirmam que, para uma adução concêntrica da articulação do ombro contra uma resistência externa, os músculos responsáveis pelo movimento são: grande dorsal; redondo maior; porção esternal do peitoral maior; peitoral menor, que deprime e gira a escápula para baixo; e porções média e inferior do trapézio, que retraem a escápula com o rombóide.

8.2.2 Adução e Abdução Horizontal da Articulação dos Ombros

São movimentos, em um plano transversal, em torno de um eixo longitudinal. A abdução horizontal é o movimento em direção lateral e posterior; a adução horizontal é o movimento em direção anterior e medial (Kendall, McCreary e Provance, 1995).

O exercício deve ser realizado estando o executante em bipedestação, com os pés afastados, os joelhos semiflexionados a um ângulo de 30° e a articulação do ombro com uma flexão de 90°. Partindo dessa posição, abduz-se horizontalmente a um ângulo de 90° e retorna-se à posição inicial (zero). Durante a execução, o cotovelo fica estabilizado em semiflexão (15°), com a musculatura pertinente em contração isométrica. As mãos deverão estar supinadas, para aproveitar a resistência ao avanço que a água oferece (Figuras 8.3 e 8.4).

Figura 8.3 Abdução horizontal da articulação do ombro.

Figura 8.4 Adução horizontal da articulação do ombro.

As Figuras 8.5 e 8.6 demonstram a seqüência da abdução e adução horizontal da articulação dos ombros, feita de maneira não eficiente, quando o objetivo é o treinamento muscular da região que envolve os peitorais e deltóides.

Figura 8.5 Abdução horizontal da articulação do ombro, postura não eficiente para maximizar a resistência oferecida pela água.

Figura 8.6 Adução horizontal da articulação dos ombros, postura não eficiente para maximizar a resistência oferecida pela água.

Nas Figuras 8.7 e 8.8, podem-se observar os punhos e os cotovelos flexionados, diminuindo o braço de alavanca e a área de superfície de contato, não caracterizando uma contração adequada para o trabalho muscular. A ântero-flexão acentuada da coluna auxilia o movimento e diminui a eficiência mecânica dos membros superiores (Figura 8.9).

Figura 8.7 Abdução da articulação do ombro, postura não eficiente para maximizar a resistência oferecida pela água (punhos relaxados flexionados).

Figura 8.8 Adução horizontal da articulação dos ombros, postura não eficiênte para maximizar a resistência oferecida pela água (ântero-flexão da coluna acentuada).

Figura 8.9 Abdução da articulação do ombro, postura não eficiente para maximizar a resistência oferecida pela água (punhos e cotovelos relaxados flexionados).

8.2.3 Flexão e Extensão da Articulação dos Joelhos

A articulação do joelho é a maior do corpo e é muito complexa (Thompson e Floyd, 1997). Poderosos músculos extensores e flexores, combinados com uma estrutura ligamentar, proporcionam forte articulação, que recebe uma sobrecarga considerável proveniente da combinação da sustentação do peso do corpo e da locomoção.

A flexão e extensão do joelho ocorrem no plano sagital; as contrações do quadríceps e posteriores da coxa produzem estabilidade dinâmica, na qual o quadríceps exerce a função de desacelerar o movimento e os posteriores da coxa de acelerar, sendo antagônico ao quadríceps.

O exercício deve ser feito em bipedestação, com o apoio em uma das pernas. Na extensão, a perna e a coxa promovem um alinhamento retilíneo (0º), e a amplitude da flexão é de, aproximadamente, 140º. Na flexão completa, a articulação do quadril deve ser flexionada, para evitar restrições nos movimentos do reto femoral; já na extensão, esta não deve ser completamente flexionada, para não restringir os movimentos isquiotibiais (Kendall, McCreary e Provance, 1995).

Recomenda-se que os pés devam estar em flexão plantar, para aumentar o raio que determina o momento resistente e aproveitar melhor a resistência ao avanço, proporcionando uma maior área à resistência de forma (Figuras 8.10 e 8.11).

Figura 8.10 Flexão do quadril com flexão do joelho.

Figura 8.11 Flexão do quadril com extensão do joelho.

As Figuras 8.12 e 8.13 demonstram os exercícios não eficientes para o trabalho muscular na região dos quadríceps. Pequenas flexões e extensões diminuem a eficácia mecânica, não proporcionando a resistência com magnitude suficiente para estimular a contração adequada, a fim de obter ganho de força muscular nesta região.

Figura 8.12 Pequena flexão do quadril e joelho caracterizando ineficiência para utilizar a resistência oferecida pela a água.

Figura 8.13 Pequena flexão do quadril e pequena extensão do joelho, caracterizando ineficiência para utilizar a resistência oferecida pela água.

O mesmo ocorre para identificar os erros nos exercícios que objetivam a obtenção de força na região que envolve a musculatura anterior e posterior da coxa. A flexão e extensão da articulação dos joelhos são movimentos em torno de um eixo coronal, que, ao que parece, são os mais indicados para este propósito.

A musculatura que produz o movimento de extensão é usada para desacelerar e contrair excentricamente uma perna que se flexiona e consiste de quatro músculos, que formam o grupo muscular quadríceps femoral (reto femoral, vasto intermédio, vasto lateral e vasto medial). Este grupo de músculos pode ser até três vezes mais forte que seus antagonistas, os isquiotibiais (Hamill e Knutzen, 1999).

O principal grupo muscular responsável pela flexão do joelho são os isquiotibiais, que consistem em bíceps femoral, semimembranoso e semitendinoso. Este grupo é chamado, muitas vezes, de músculos da corrida, devido à sua função na aceleração. Sua função primária é a flexão da articulação do joelho, e a secundária é a flexão do quadril (Thompson e Floyd, 1997).

8.3 Análise dos Dados

Os dados foram tratados por meio de estatística descritiva. A partir deste tratamento, foram obtidas as distribuições de freqüência para os dados de natureza discreta, que obedecem ao sistema de contagem, segundo o processo específico de classificação, uma vez que os resultados observados derivam de um instrumento composto por itens objetivos.

8.4 Apresentação e Discussão dos Resultados

Com o propósito de proporcionar melhor compreensão, optou-se por um exame dos achados em etapas. Primeiramente, foram processados todos os erros computados por exercícios (Figuras 8.14, 8.15 e 8.16), depois, procedeu-se à análise, dividindo-se os dados em função das regiões em que foram coletadas as informações pertinentes ao poder de observação do professor de hidroginástica.

8.4.1 Análise para o Total da Amostra

8.4.1.1 Exercício de Adução e Abdução de ombro

O gráfico apresentado a seguir exibe a freqüência de erros observados no exercício adução e abdução da articulação dos ombros, considerando-se o somatório de toda a amostra.

Gráfico 8.1 Todos os erros do exercício 1

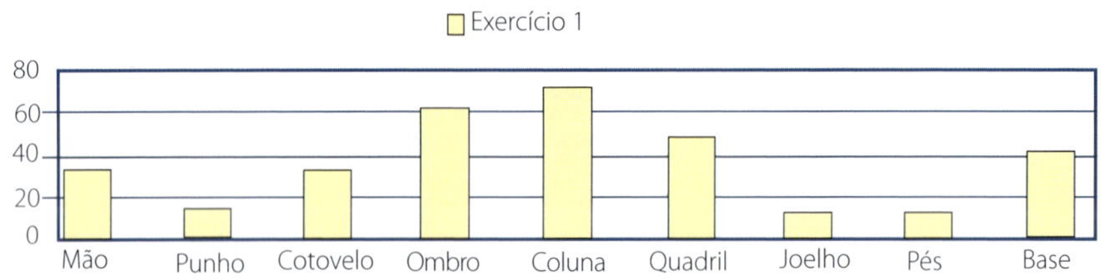

Constata-se que, de 314 erros no total, 32 foram relativos à mão (10,19%), 14 ao punho (4,46%), 32 ao cotovelo (10,19%), 62 ao ombro (19,75%), 72 à coluna (22,93%), 38 ao quadril (12,10%), 12 ao joelho (3,82%), 11 aos pés (3,50%) e 41 à base (13,06%).

Embora os valores aqui apresentados representem à quantidade de erros observada pelos professores, sua distribuição, em certa medida, demonstra que os observadores procuraram concentrar suas observações em pontos corporais relacionados à qualidade de execução deste exercício. Tal fato pode ser constatado ao observarmos os grandes valores para a freqüência de erros na área da mão, punho, ombro e coluna. Já os valores encontrados para erros na região da base aparecem como uma anomalia não esperada para o caso.

8.4.1.2. Exercício de Abdução e Adução Horizontal do Ombro

O gráfico apresentado a seguir exibe a freqüência de erros observados no exercício adução e abdução horizontal da articulação dos ombros, considerando-se o somatório de toda a amostra.

Gráfico 8.2 Todos os erros do exercício 2

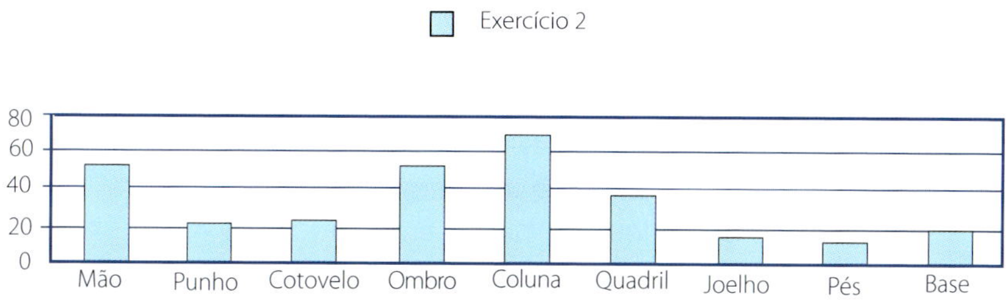

Constata-se que o total de erros assinalado foi de 299, dos quais 52 foram relativos à região da mão (17,39%), 21 ao punho (7,02%), 23 ao cotovelo (7,69%), 52 ao ombro (17,39%), 70 à coluna (23,41%), 37 ao quadril (12,37%), 15 ao joelho (5,02%), 10 aos pés (3,34%) e 19 à base (6,35%).

Assim como no caso do exercício anterior, observa-se que a maior concentração de erros localizou-se nas regiões da mão, punho, cotovelo, ombro e coluna, sendo que ocorre um aumento considerável para a região da mão. Talvez isso tenha ocorrido em razão de a mão permanecer, neste segundo exercício, mais próxima da superfície do líquido durante toda sua execução, o que faz que ela fique mais visível ao observador.

8.4.1.3. Flexão e Extensão dos Joelhos

O gráfico apresentado a seguir exibe a freqüência de erros observados no exercício extensão e flexão de joelho, considerando-se o somatório de toda a amostra.

Gráfico 8.3 Todos os erros do exercício 3

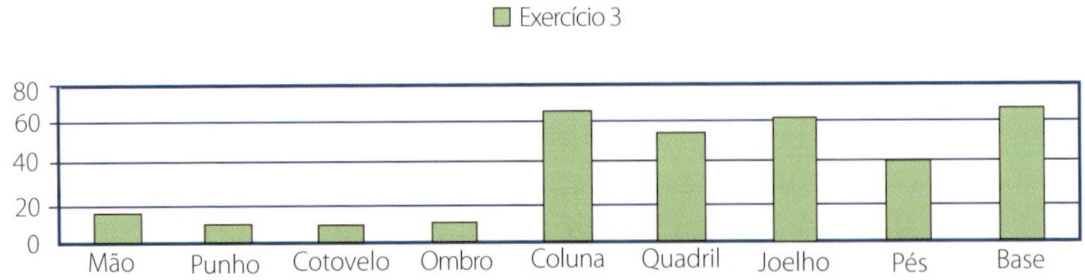

Constata-se que, de um total de 331 erros, 15 foram relativos à região da mão (4,53%), 8 ao punho (2,42%), 8 ao cotovelo (2,42%), 9 ao ombro (2,73%), 66 à coluna (19,94%), 56 ao quadril (16,92%), 63 ao joelho (19,03%), 40 aos pés (12,08%) e 66 à base (19,94%).

Percebe-se uma mudança substancial nas regiões de concentração dos erros. De certa forma, os dados confirmam o fato de o professor concentrar suas observações na região alvo da exercitação, a qual, neste caso, é formada pelos segmentos inferiores.

Observa-se que, além de haver uma mudança na região de concentração, há um aumento considerável no valor da freqüência de presença do erro. Um dado interessante que pode explicar esse aumento na quantidade de erros é que a região anatômica a ser observada durante essa exercitação fica, durante todo o tempo, imersa em meio líquido e na maior profundidade. Isso faz que os efeitos gerados pelas características físicas da água, como, por exemplo, a refração, citada no capítulo 2, sejam mais significativos, dificultando de forma mais expressiva o ato da observação.

No geral, contata-se que, ao mudar o exercício, a região focada também muda. Verificou-se, levando em conta os três conjuntos de dados apresentados, que a concentração de erros acompanha a nova região corporal focada. Isto, como já alude, em certa medida, demonstra que os professores voltam suas atenções para as regiões anatômicas críticas aos exercícios, denotando conhecimento das áreas-alvo dos mesmos. Além disso, tal achado fortalece o aspecto de validade do instrumento utilizado para coleta de dados neste estudo.

Outro dado interessante é que a região da coluna vertebral, independente de ser focada pelo exercício, sempre é alvo de observação, assim como de grande incidência de erro diagnóstico, o que pode ser visto no Gráfico 8.4.

Por um lado, o achado nos permite estimar que o professor tenha consciência de que a coluna vertebral, independentemente de qual seja o exercício em andamento, é uma estrutura que, pela sua tarefa de sustentação corporal, sempre será exigida em alguma magnitude, devendo, portanto, ser alvo do processo de observação. Por outro, a grande incidência de erros demonstra que, embora se reconheça a necessidade de observar, não se sabe exatamente o que observar ou que a observação está sendo conduzida de forma errada.

Gráfico 8.4 Total de erros observados por exercícios, onde QDE1 = exercício 1; QDE2 = exercício 2; e QDE3 = exercício 3

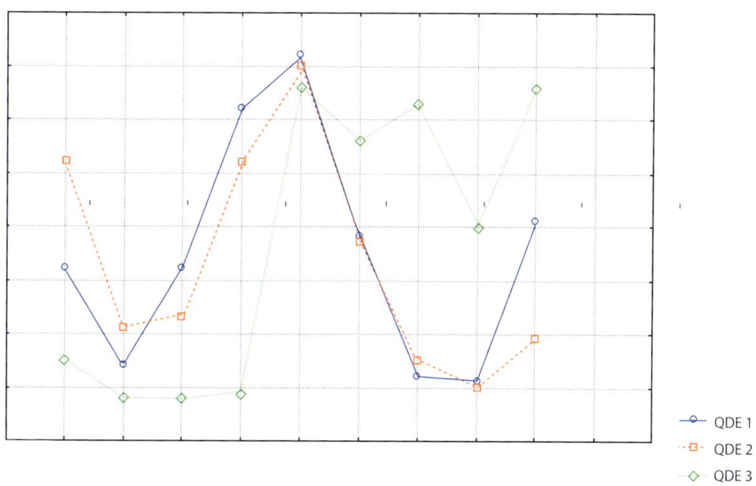

8.4.2 Um Piloto para Pré-pós

Embora não tenha sido propósito principal deste estudo verificar o efeito de um treinamento específico na capacidade de observação dos professores e, conseqüentemente, não tenhamos delineado um procedimento específico para este fim, tivemos a possibilidade de coletar alguns dados que demonstram que, possivelmente, a grande incidência de erros está fortemente atrelada à falta de informações específicas acerca dos exercícios e do processo de observação.

Todos os exercícios obtiveram uma diferença nos resultados, já que as maiores quantidades são vistas sempre nos resultados do pré-teste.

Nos gráficos 8.5 e 8.6, podem-se observar as diferença dos resultados obtidos no pré e pós-curso de hidroginástica, em que o objetivo foi orientar o processo de observação das execuções dos movimentos.

Para o exercício 1 (Gráfico 8.5), as diferenças dos percentuais de erros entre pré e pós-curso atingem um valor médio de 61,84%. Para este valor de redução média, cada foco de observação contribuiu, quantitativamente, em intensidades diferentes: mão, com 68,75%; punho, 41,67%; cotovelo, 60%; ombro, 69,7%, coluna, 66,67%; quadril, 53,85%; joelho, 71,43%; pés, 62,5%, e base, com 62,07%.

Gráfico 8.5 Análise dos erros pré e pós-curso: exercício 1

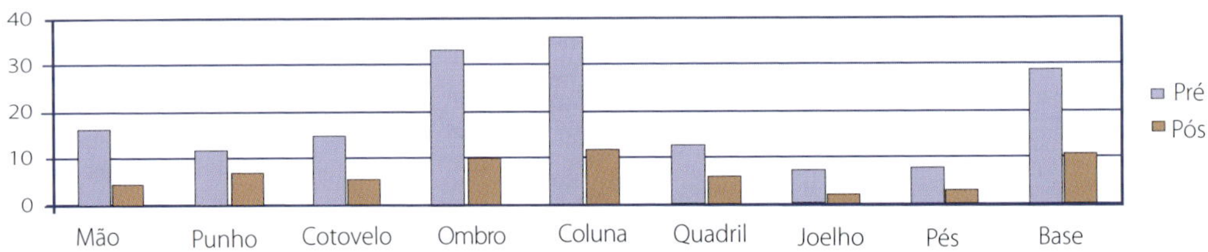

No exercício 2 (Gráfico 8.6), a diferença média entre pré e pós foi maior que no exercício 1 e obteve o percentual de 64,04%, dos quais, para mão foi de 62,96%; punho, 83,33%; cotovelo, 37,5%; ombro, 66,67%; coluna, 60%; quadril, 46,67%; joelho, 69,23%; pés, 85,71%; e base, 64,29%.

Gráfico 8.6 Análise dos erros pré e pós-curso: exercício 2

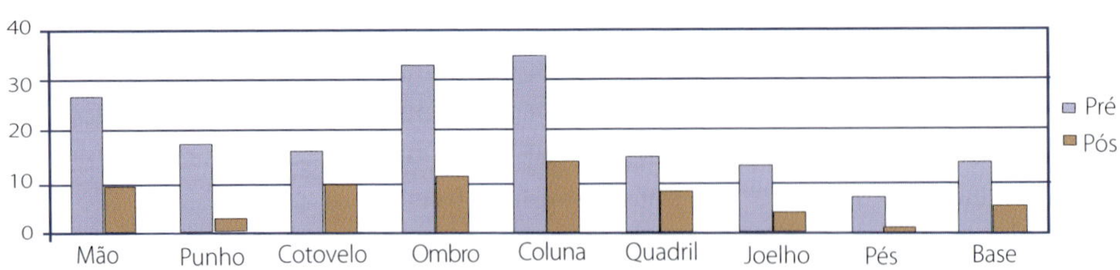

Na análise dos percentuais dos erros do exercício 3 (Gráfico 8.7), obteve-se uma diferença média de 57,72%, em que a da mão foi de 66,67%; punho, 75%; cotovelo, 42,86%; ombro, 57,14%; coluna, 71,87%; quadril, 68,75%; joelho, 70,59%; pés, 66,67%; e base, 82,35%.

Gráfico 8.7 Análise dos erros pré e pós curso: exercício 3

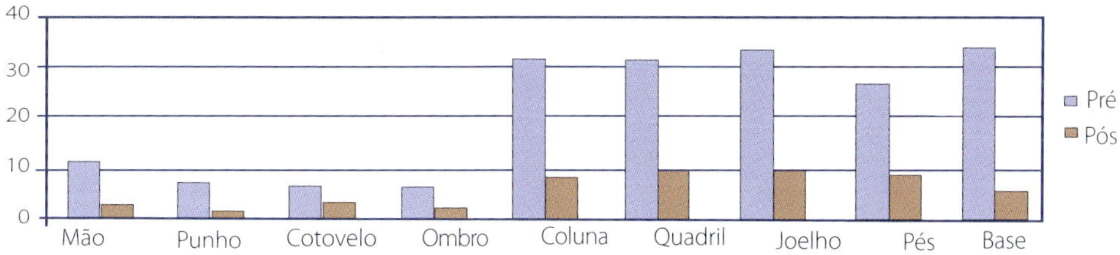

Conforme os gráficos apresentados, observa-se a diferença no número de erros assinalados na execução dos movimentos em todas as articulações. Com estes resultados, pode-se afirmar que o processo pedagógico aplicado no curso de hidroginástica, no qual o objetivo é orientar os participantes como e onde observar a execução dos movimentos, foi importante no sentido de diminuir a incidência de erros no processo de observação diagnóstica. Embora não tenhamos testado a significância estatística da diferença, segundo nosso ponto de vista, o fato de termos identificado uma redução na manifestação do erro demonstra que a causa da grande quantidade identificada deste na amostra examinada pode ser, pelos menos parcialmente, a falta de informação acerca de estratégias precisas de observação visual.

Capítulo 9

movimentos utilizados para maximizar a resistência oferecida pela água

Neste capítulo apresentaremos sugestões de movimentos utilizados para maximizar a resistência oferecida pela água.

É bom lembrar que, para alcançar índices de ganho de força como objetivo dos movimentos, estes devem ser executados com a máxima aceleração.

9.1 Movimentos Básicos com a Base Fixa

9.1.1 Membros Superiores

9.1.1.1 Flexão e Extensão da Articulação dos Punhos

- *Objetivo*: força e resistência muscular da região do antebraço.
- *Principais músculos envolvidos*: flexor e extensor radial do carpo.
- *Descrição*: o exercício deve ser feito em bipedestação, com um dos pés à frente e joelhos semiflexionados em, aproximadamente, 30°; pé de trás em meia ponta. O movimento se inicia com os braços flexionados em um ângulo de 90° ao lado do corpo, com mãos em supinação como posição inicial. A partir da posição inicial, os punhos devem fletir as mãos à frente, voltando à posição inicial e, automaticamente, estarão promovendo a extensão. A amplitude total para flexão é de, aproximadamente, 70° a 90°, e se realizado com os dedos fletidos, fica reduzida devido à resistência oferecida pelos extensores. Já na extensão, a amplitude é de, aproximadamente, 70° a 80°, e fica reduzida se realizada com os dedos estendidos (Hamill e Knutzen, 1999).

Figura 9.1 Extensão das articulações dos punhos.

Figura 9.2 Flexão das articulações dos punhos.

9.1.1.2 Flexão e Extensão da Articulação do Cotovelo

• *Objetivo*: força e resistência muscular da região anterior e posterior do braço.

• *Principais músculos envolvidos*: flexão – bíceps braquial, braquial anterior e braquiorradial. Extensão – tríceps braquial e ancôneo.

• *Descrição*: o exercício deve ser feito em bipedestação, com um dos pés à frente e joelhos semiflexionados em, aproximadamente, 30°; pé de trás em meia ponta. A extensão e flexão são realizadas no plano sagital, eixo látero-lateral. O movimento se inicia com o cotovelo estendido ao lado do corpo, com antebraço supinado e ombros na posição anatômica. A realização da flexão do cotovelo, promovendo aproximação do rádio e ulna em direção ao úmero, deve ser feita em todo seu ângulo do movimento, que é, aproximadamente, 160°. Para estabilizar melhor a realização do movimento, a musculatura peitoral deve estar contraída isometricamente. Terminada a flexão, a extensão é iniciada, voltando à posição inicial. O exercício poderá ser feito unilateral ou com os dois braços simultâneos, respeitando ao máximo a posição anatômica.

Figura 9.3 Extensão do cotovelo.

Figura 9.4 Flexão dos cotovelos.

9.1.1.3 Flexão e Extensão da Articulação dos Ombros

- *Objetivo*: força e resistência muscular da região anterior e posterior dos ombros.
- *Principais músculos envolvidos*: flexão – deltóide anterior, peitoral maior, levantador da escápula, rombóide e trapézio. Extensão – latíssimo do dorso, redondo maior, peitoral maior e deltóide posterior.
- *Descrição*: o exercício deve ser feito em bipedestação, com um dos pés à frente e joelhos semiflexionados em, aproximadamente,

30°; pé de trás em meia ponta. Os braços devem estar estendidos ao lado do corpo, com mãos em pronação como posição inicial. O movimento se inicia com as fibras anteriores do músculo deltóide flexionando e girando internamente o úmero, promovendo flexão de 90° (Floyd e Thompson, 1997) e terminando o movimento. A extensão é feita a partir da contração das fibras posteriores do deltóide estendendo e girando externamente o úmero, voltando à posição inicial.

Figura 9.5 Posição inicial: flexão dos ombros.

Figura 9.6 Extensão dos ombros.

9.1.1.4 Adução e Abdução Horizontal da Articulação dos Ombros

- *Objetivo*: força e resistência muscular nos músculos que envolvem a região dorsal e peitoral do corpo.
- *Principais músculos envolvidos*: adução – peitoral maior, deltóide anterior e corocobraquial. Abdução – latíssimo do dorso, deltóide posterior, rombóide e trapézio.
- *Descrição*: o exercício deve ser feito em bipedestação, com um dos pés à frente e joelhos semiflexionados em, aproximadamente, 30°; pé de trás em meia ponta. O movimento se inicia com o úmero em flexão de 90° como posição inicial (0°), e abduz horizontalmente a um ângulo de 90°, voltando à posição inicial (0°); o cotovelo fica estabilizado em semiflexão (15°), em contração isométrica, e as mãos supinadas.

Figura 9.7 Abdução horizontal das articulações dos ombros.

Figura 9.8 Adução horizontal das articulações dos ombros.

9.1.1.5 Adução e Abdução da Articulação dos Ombros com Cotovelos Flexionados

- *Objetivo*: força e resistência muscular na região média dos ombros.
- *Principais músculos envolvidos*: adução – peitoral maior, deltóide anterior e corocobraquial. Abdução – latíssimo do dorso, deltóide posterior, rombóide e trapézio.
- *Descrição*: o exercício deve ser feito em bipedestação, com os pés afastados lateralmente e joelhos semiflexionados em, aproximadamente, 30°. A abdução e adução da articulação dos ombros são movimentos em torno do eixo sagital no plano frontal. Iniciando na posição neutra (0°), a abdução se faz no sentido lateral a um ângulo de 90°, seguida da adução, que é um movimento no plano mediossagital no sentido medial, voltando à posição inicial (0°). As palmas das mãos deverão permanecer pronadas durante o movimento, e os cotovelos estabilizados e contraídos isometricamente, em flexão de 90°.

Figura 9.9 Adução das articulações dos ombro com cotovelo flexionado.

Figura 9.10 Abdução das articulações dos ombro com cotovelo flexionado.

9.1.1.6 Adução e Abdução da Articulações dos Ombros: Braços Estendidos

• *Objetivo*: força e resistência muscular na região média dos ombros.
• *Principais músculos envlvolvidos*: adução – latíssimo do dorso, redondo maior, peitoral maior e menor, rombóide e trapézio. Abdução – deltóide, supra-espinhal, serrátil anterior e trapézio.
• *Descrição*: o exercício deve ser feito em bipedestação, com os pés afastados lateralmente e joelhos semiflexionados em, aproximadamente, 30°. A abdução e adução da articulação dos ombros são movimentos em torno do eixo sagital no plano frontal. Iniciando na posição neutra (0°), a abdução se faz no sentido lateral a um ângulo de 90°, seguida da adução, que é um movimento no plano mediossagital no sentido medial, voltando à posição inicial (0°). As palmas das mãos deverão permanecer pronadas durante o movimento, e os cotovelos estabilizados e contraídos em isometria em semiflexão (15°).

Figura 9.11 Adução das articulações dos ombros.

Figura 9.12 Abdução das articulações dos ombros.

9.1.2. Membros Inferiores

9.1.2.1 Flexão e Extensão da Articulação do Tornozelo

• *Objetivo*: força e resistência muscular da região anterior e posterior da perna.

• *Principais músculos envolvidos*: flexão – tibial anterior e fibular terceiro. Extensão – tríceps sural (gastrocnêmio lateral, medial e sóleo).

• *Descrição*: o exercício deve ser feito em bipedestação ou com o apoio em uma das pernas (monoestação), para aumentar a intensidade, usando o peso do corpo como resistência. O exercício inicia-se com o pé inteiro no fundo da piscina, isto é, com os calcanhares em contato com o solo; realiza-se uma flexão plantar e volta-se à posição inicial (Figuras 9.12.1 e 9.12.2). Alunos mais avançados podem colocar um *step* para o apoio dos pés e iniciar os exercícios com os calcanhares abaixo do apoio dos pés, aumentando, assim, a amplitude e, conseqüentemente, a intensidade (Figuras 9.12.3 e 9.12.4). Este movimento também pode ser realizado com a flexão do quadril, do joelho e flexão plantar do tornozelo como posição inicial, efetuando uma extensão do joelho e dorsiflexão do tornozelo (Figuras 9.12.5 e 9.12.6). Porém, devido ao braço de resistência e a área de superfície de contato serem pequenos, a intensidade é menor, não gerando uma resistência significativa para o ganho da força. Neste caso, sugere-se o uso de um equipamento que aumente a área de superfície de contato como, por exemplo, o pé de pato.

Figura 9.12.1 Posição inicial com um dos pés apoiado ao solo.

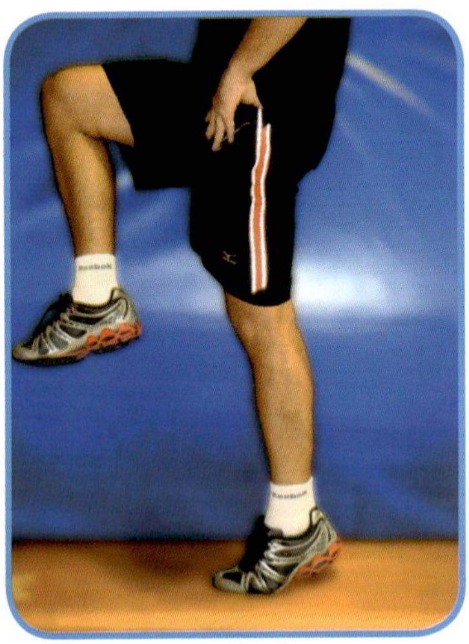

Figura 9.12.2 Flexão plantar.

Figura 9.12.3 Posição inicial em cima do *step*.

Figura 9.12.4 Flexão plantar.

Figura 9.12.5 Posição incial do movimento do chute frontal.

Figura 9.12.6 Posição com ênfase da articulação do tornozelo.

9.1.2.2 Flexão e Extensão da Articulação do Joelho

- *Objetivo*: força e resistência muscular da região anterior e posterior da coxa.
- *Principais músculos envolvidos*: flexão – isquiotibiais (semitendíneo, semimembranáceo e bíceps femoral) e gastrocnêmios (lateral e medial). Extensão – quadríceps femoral (reto femoral, vasto medial, intermédio e lateral).

• *Descrição*: o exercício deve ser feito com o apoio em uma das pernas (monoestação) e a outra em flexão do quadril de, no máximo, 90°. Na extensão, a perna e a coxa promovem um alinhamento retilíneo (0°), e a amplitude da flexão é de, aproximadamente, 140°. Na flexão completa, a articulação do quadril deve ser flexionada para evitar restrições nos movimentos do reto femoral; já na extensão, não deve ser completamente flexionada para não restringir os movimentos do isquiostibiais (Kendall, McCreary e Provance, 1995). Este movimento é o melhor para exercitar o quadríceps isoladamente (Delavier, 2000). Os pés devem estar em flexão plantar para aumentar o braço de alavanca e aproveitar a resistência ao avanço.

Figura 9.13 Flexão da articulação do quadril com flexão da articulação do joelho.

Figura 9.14 Flexão da articulação do quadril com extensão da articulação do joelho.

9.1.2.3 Flexão e Extensão Posterior da Articulação do Joelho

• *Objetivo*: força e resistência muscular da região anterior e posterior da coxa.

• *Principais músculos envolvidos*: flexão – isquiotibiais (semitendíneo, semimembranáceo e bíceps femoral) e gastrocnêmios (lateral e medial). Extensão – quadríceps femoral (reto femoral, vasto medial, intermédio e lateral).

• *Descrição*: o exercício deve ser em monoestação, com apoio das mãos para iniciante e sem apoio para intermediários e avançados. A flexão do joelho é realizada com as coxas unidas e o movimento da perna é unilateral; a amplitude da flexão é de, aproximadamente, 140º, levando o calcanhar em direção aos glúteos e voltando à posição inicial quando promover a extensão. Os pés devem estar em flexão plantar para aumentar o braço de alavanca e aproveitar a resistência ao avanço.

Figura 9.15 Flexão posterior da articulação do joelho esquerdo.

Figura 9.16 Extensão da articulação do joelho esquerdo e flexão posterior da articulação do joelho direito.

9.1.2.4 Flexão e Extensão da Articulação do Quadril

• *Objetivo*: força e resistência muscular na musculatura que envolve a articulação do quadril.

• *Principais músculos envolvidos*: flexão – reto femoral e iliopsoas. Extensão – glúteo máximo e isquiotibiais (semitendíneo, semimembranáceo e bíceps femoral – cabeça longa).

• *Descrição*: o exercício deve ser feito em monoestação. O movimento se inicia com a extensão do quadril a um ângulo de aproximadamente 45°, a extensão leva o membro inferior para trás da posição anatômica. Quando o joelho está estendido, a extensão é 20° mais ampla que quando está fletido. Partindo para a flexão, a posição do joelho intervém igualmente na amplitude; enquanto o joelho está estendido, a flexão não é maior que 90°; enquanto com o joelho fletido, ela atinge ou ultrapassa os 120°.

Figura 9.17 Extensão da articulação do quadril com extensão da articulação do joelho.

Figura 9.18 Flexão da articulação do quadril com extensão da articulação do joelho.

9.1.2.5 Adução e Abdução da Articulação do Quadril

- *Objetivo*: força e resistência da musculatura abdutora e adutora do quadril.
- *Principais músculos envolvidos*: adução – adutor magno, adutor longo, adutor curto, grácil e pectíneo. Abdução – tensor da fáscia lata, glúteo médio e mínimo.
- *Descrição*: o exercício é feito em bipedestação, com apoio das mãos para iniciantes e sem apoio para intermediários

e avançados. O exercício é feito no plano frontal, eixo ântero-posterior. O movimento se inicia com os joelhos semiflexionados, quadril aduzido e pelve normal. A execução de abdução do quadril deve ser feita com uma angulação de, aproximadamente, 30º, que é a máxima do quadril, e os pés não perderão o contato com o solo.

Figura 9.19 Abdução da articulação do quadril.

Figura 9.20 Adução da articulação do quadril.

9.1.2.6 Adução e Abdução da Articulação do Quadril Unilateral

• *Objetivo*: força e resistência da musculatura abdutora e adutora do quadril.

• *Principais músculos envolvidos*: adução – adutor magno, adutor longo, adutor curto, grácil e pectíneo. Abdução – tensor da fáscia lata, glúteo médio e mínimo.

• *Descrição*: o exercício é feito em monoestação, com apoio das mãos para iniciante e sem apoio para intermediários e avançados. O exercício é feito no plano frontal, eixo ântero-posterior. O movimento se inicia com as pernas fechadas e estendidas, abduz-se o quadril contra a resistência da água a um ângulo de 60°, retornando (aduzindo o quadril) à posição inicial.

Figura 9.21 Abdução da articulação do quadril unilateral perna direita.

Figura 9.22 Abdução da articulação do quadril unilateral perna esquerda.

9.1.2.7 Circundução do Quadril

- *Objetivo*: força e resistência muscular da região que envolve os glúteos, abdômen e eretores da coluna.
- *Principais músculos envolvidos*: reto femoral, iliopsoas, glúteo máximo, isquiotibiais (semitendíneo, semimembranáceo e bíceps femoral), adutor magno, adutor longo, adutor curto, grácil, pectíneo, tensor da fáscia lata, glúteo médio e mínimo.
- *Descrição*: o exercício deve ser feito em bipedestação, com os pés afastados lateralmente e joelhos semiflexionados em, aproximadamente, 30°. A circundução é uma combinação da flexão, extensão, abdução, adução e rotação. O movimento se inicia com o tronco fixo e o quadril circundando abaixo dele; a circundução deve ser de 360°, terminando na posição anatômica e começando para o outro lado.

Figura 9.23 Circundução da articulação do quadril.

Figura 9.24 Circundução da articulação do quadril.

Figura 9.25 Circundução da articulação do quadril.

Figura 9.26 Circundução da articulação do quadril.

9.1.3 Coluna

9.1.3.1 Flexão

• *Objetivo*: força e resistência muscular da região que envolve a porção anterior e central do corpo.
• *Principais músculos envolvidos*: reto e oblíquos internos e externos do abdômen.
• *Descrição*: O exercício deve ser feito em bipedestação, com os pés afastados lateralmente e joelhos semiflexionados em, aproximadamente, 30°. A flexão deve ser feita em direção à região anterior do corpo, aproximando o gradil costal à crista ilíaca, procurando utilizar a água como resistência. Para alunos mais avançados, o material flutuante poder ser utilizado no peito para aumentar o gradiente de resistência, trabalhado contra o empuxo.

Figura 9.27 Flexão anterior da coluna.

9.1.3.2 Flexão Lateral

• *Objetivo*: força e resistência muscular da região que envolve a base da coluna.

• *Principais músculos envolvidos*: quadrado lombar, oblíquos internos e externos do abdômen.

• *Descrição*: o exercício deve ser feito em bipedestação, com os pés afastados lateralmente e joelhos semiflexionados em, aproximadamente, 30°. A flexão deve ser feita em direção à região lateral do corpo, procurando utilizar a água como resistência. Para alunos mais avançados, o material flutuante pode ser utilizado nas mãos para aumentar o gradiente de resistência, trabalhado contra o empuxo.

Figura 9.28 Flexão lateral da coluna lado direito.

Figura 9.29 Posição normal da coluna.

Figura 9.30 Flexão lateral da coluna lado esquerdo.

9.1.3.3 Extensão e Hiperextensão

• *Objetivo*: força e resistência muscular da região que envolve os eretores da coluna.

• *Principais músculos envolvidos*: paravertebrais (grupo eretor da coluna).

• *Descrição*: o exercício deve ser feito em bipedestação, com os pés afastados lateralmente e joelhos semiflexionados em, aproximadamente, 30°. A flexão e a hiperextensão devem ser feitas em direção à região posterior do corpo, procurando utilizar a água como resistência. Para alunos mais avançados, o material flutuante pode ser utilizado nas costas para aumentar o gradiente de resistência, trabalhado contra o empuxo.

Figura 9.31 Extensão da coluna.

Figura 9.32 Hiperextensão da coluna.

9.1.3.4 Rotação

• *Objetivo*: força e resistência muscular da região que envolve o abdômen e os eretores da coluna.

• *Principais músculos envolvidos*: oblíquos internos e externos do abdômen.

• *Descrição*: o exercício deve ser feito em bipedestação, com os pés afastados lateralmente e joelhos semiflexionados em, aproximadamente, 30°. O movimento se inicia com o quadril fixo e a coluna girando sobre ele. O giro deve ser feito até o limite da coluna, voltando à posição inicial e girando para o outro lado.

Figura 9.33 Rotação lateral direita da coluna.

Figura 9.34 Posição normal da coluna.

Figura 9.35 Rotação lateral esquerda da coluna.

9.1.3.5 Circundução

• *Objetivo:* força e resistência muscular da região que envolve o abdômen e os eretores da coluna.
• *Principais músculos envolvidos*: reto e oblíquos internos e externos do abdômen, quadrado lombar, grupo eretor da coluna.
• *Descrição*: o exercício deve ser feito em bipedestação, com os pés afastados lateralmente e joelhos semiflexionados em, aproximadamente, 30°. A circundução é uma combinação da flexão, extensão, hiperextensão, abdução, adução e rotação. O movimento inicia com o quadril fixo e a coluna circundando sobre ele. A circundução dever ser de 360°, terminando na posição anatômica e começando para o outro lado.

Figura 9.36 Partindo da posição normal da coluna.

Figura 9.37 Circundução da coluna.

Figura 9.38 Circundução da coluna.

Figura 9.39 Circundução da coluna.

Figura 9.40 Voltando à posição normal da coluna.

Conclusão

Com a crescente procura da hidroginástica como atividade física, em especial pela população da terceira idade, com o objetivo de melhorar a saúde e a aptidão física, é de grande importância que os efeitos que esta atividade tem sobre os componentes da aptidão física, assim como todos os fatores que podem influenciar na qualidade desses, sejam investigados, com o intuito de oferecer à população uma atividade segura e fundamentada.

Muitos autores preocupam-se com as adaptações metabólicas e cardiorrespiratória obtidas com as atividades aquáticas (Kruel, apud Aboarrage, 1997). Em contrapartida, poucos são os estudos que se voltam a outros fatores que também influenciarão na qualidade dos resultados, como, por exemplo, as respostas neuromusculares, especialmente em relação à RML e ao padrão de movimento presente no decurso da execução dos exercícios fundamentais nas atividades do dia-a-dia dos indivíduos. Também é pouco explorado o fato de que todos esses fatores intervenientes devem ser administrados pelo professor que acompanha o processo de exercitação.

Sendo assim, entendemos que a importância deste livro para a sociedade está fortemente relacionada ao fato de que suas informações resultantes podem ser utilizadas por professores de hidroginástica, com o intuito de melhorar o processo de correção e orientação do aluno, quando da execução dos movimentos dos exercícios propostos. Acredita-se que, de posse de informações semelhantes a estas, seja possível ao profissional ter mais consciência acerca do seu ato pedagógico, viabilizando uma melhor relação didática com a biomecânica de cada exercício, estar apto a captar dados mais precisos acerca dos movimentos executados e, a partir deles, criar e modificar seqüências de exercícios utilizados na hidroginástica, contribuindo para a melhora de qualidade de vida da população, tudo isso de forma mais precisa, e, conseqüentemente, mais produtiva.

Acredito que para o crescimento da carreira dos profissionais da Educação Física e de qualquer outra profissão, o primeiro passo é estar preocupado com a aquisição do conhecimento, e isso podemos ver claramente nos alunos e professores que atualmente participam dos congressos, dos quais há mais de 15 anos participamos. Queremos, aqui, deixar um regalo com palavras, se posso dizer: "Nunca deixe de sonhar. Acredite em seu potencial, porque a hora é agora; a vida é agora. Fortaleça-se e olhe para frente. Você tem um futuro maravilhoso, mas, por favor, construa-o agora".

Um grande abraço e boas aulas.

Nino Aboarrage

Referências

ABOARRAGE, A. M. **Hidroesporte**: Treinamento Complementar. Londrina: Ápice, 1997.

______. **Hidrotreinamento**. Rio de Janeiro: Shape, 2003.

ACHOUR, A. J. **Flexibilidade e alongamento, saúde e bem-estar**. Barueri: Manole, 2004.

ALEXANDER, M. J. L. et al. Comparison of the effects of two types of fitness/flexibility programs on gait, mobility and self-esteem of older females. **Journal of Movement Human Studies**, [S.l]; v. 38, p. 235-68, 2000.

ALLEN, S. et al. **Manual do Profissional do Fitness Aquático**. Rio de Janeiro: Shape, 2001.

ALTER, M. J. **Ciência da Flexibilidade**. Porto Alegre: Artmed, 1999.

ALVES, R. V. et al. Aptidão física relacionada à saúde de idosos: influência da hidroginástica. **Revista Brasileira de Medicina do Esporte**, [S.l]; v. 10, n. 1, p. 31-7, 2004.

AMERICAN COLLEGE OF SPORTS MEDICINE. **Teste de esforço e prescrição de exercícios**. Rio de Janeiro: Revinter, 1996.

______. **Guidelines for exercise testing and prescription**. Baltimore: Wilkins & Wilkins, 2000.

AMERICAN COLLEGE OF SPORTS MEDICINE; AMERICAN DIABETES ASSOCIATION. Diabetes Mellitus and exercise: joint position statement. **Med. and Sci. Sports Exerc.**, [S.l]; p. 1-6, 1997.

AMORIM, P. R. Distribuição de gordura corpórea como fator de risco no desenvolvimento de doenças arteriais coronarianas: uma revisão de literatura. **Revista Brasileira de atividade Física e Saúde**, [S.l]; v. 2, n. 4, p. 59-75, 1997.

ARAÚJO FILHO, N. P. **Métodos de treinamento e programas de aula para força e resistência**. Rio de Janeiro: Sprint, 1994.

AY, A.; YURTKURAN, M. Evaluation of hormonal response and ultrasonic changes in the heel bone by aquatic exercise in sedentary postmenopausal women. **Am. J. Phys. Med. Rehabil.**, [S.l.]; v. 82, n. 12, p. 942-9, 2003.

______. Influence of aquatic and weight-bearing exercises on quantitative ultrasound variables in postmenopausal women. **Am. J. Phys. Med. Rehabil.**, [S.l.]; v. 84, n. 1, p. 52-61, 2005.

BALSAMO, S;. **A influência da musculação e da hidroginástica na densidade mineral óssea**. Dissertação de Mestrado. Universidade Católica de Brasília, 2002.

BATES, A.; HANSON, N. **Exercícios Aquáticos Terapêuticos**. Barueri: Manole, 1998.

BAUM, G. **Aquaeróbica**: **manual de treinamento**. Barueri: Manole, 2000.

BECKER, B. E.; COLE, A. J. **Terapia Aquática Moderna**. Barueri: Manole, 2000.

BERTALANFFY, L. V. **Teoria geral dos sistemas**. Petrópolis: Vozes, 1977.

BIXLER, B. S. **Resistance and propulsion in Swimming**.[S.l]:[S.e], 2005.

BONACHELA, V. **Hidro localizada**. Rio de Janeiro: Sprint, 2001.

BORG, G. **Escala de Borg para a Dor e o Esforço Percebido**. Barueri: Manole, 2000.

BRAVO, G. et al. Aweigth- bearing, water- based exercise program for osteopenic women: its impact on bone, functional fitness and well being. **Arch. Phys. Med. Rehabil.**, [S.l]; v. 78, p. 1.375-80, 1997.

BRENNAN,D.K.;WILDER,R.P.**AquaRunning**:aninstructor´smanual.HoustinInternacional Running Center, 1990.

CAMPION, M. R. **Hidroterapia**: princípio e prática. Barueri: Manole, 2000.

CARABIAS, C. **Fitness Acuatico**: la gimnasia del tercer milenio. Buenos Aires: [S.e], 1999.

CASE, L. **Condicionamento Físico na Água**. Barueri: Manole, 1998.

DANTAS, E. H. M. **Fitness**: a ecologia do corpo. Tese de concurso para professor titular. Niterói, Universidade Federal Fluminense, 1994.

______. **A prática da preparação física**. 4. ed. Rio de Janeiro: Shape, 1998. p. 214-6.

______. **Flexibilidade**: alongamento e flexionamento. Rio de Janeiro: Shape, 1999.

DANTAS, E. H. M.; MELLO, D. B.; ARAGÃO, J. C. B. Fitness, saúde e qualidade de vida. In: NOVAES, J. S.; VIANNA, J. M. **Personal Training e Condicionamento Físico em Academia**. 2. ed. Rio de Janeiro: Shape, 2003.

DELAVIER, F. **Guia dos Movimentos de Musculação**: abordagem anatômica. Barueri: Manole, 2000.

DEVEREUX, K.; ROBERTSON, D.; BRIFFA, N. K. Effects of a water-based program on women 65 years and over: a randomised controlled trial. **Aust. J. Physiother.**, [S.l.]; v. 51, n. 2, p. 102-8. 2005.

DIALLO, O., Effects of plyometric training followed by a reduced training programme on Physical performancein prépubecents soccer players. **Journal Medicine Physical Fitness**, [S.l.]; v. 41, n. 3, p. 342-8, 2001.

DI MAIS, F. **Hidro**: propriedades físicas e aspectos fisiológicos. Rio de Janeiro: Sprint, 2000.

______. **Comparação da remoção de lactato e respostas fisiológicas entre a recuperação ativa no meio líquido e no meio terrestre**. Dissertação de mestrado. Universidade Castelo Branco, Rio de Janeiro, 2004.

DI MAIS, F., SOARES, J.; DANTAS, E. H. M. **Comparação dos níveis de força em mulheres adultas praticantes de hidroginástica e musculação**. Rio de Janeiro: Universidade Castelo Branco, 2001.

DRIVER, S. et al. Evaluation of an aquatics programme on fitness parameters of individuals with a brain injury. **Brain Inj.**, [S.l.]; v. 18, n. 9, p. 847-59, 2004.

EITNER, D. **Fisioterapia nos esportes**. Barueri: Manole, 1989.

FALK, B. et al. Quantitative ultrasound of the tibia and radius in prepubertal and early-pubertal female athletes. **Arch. Pediatr. Adolesc. Med.**, [S.l.]; v. 157, n. 2, p. 139-43, 2003.

FEIGENBAUM, M. S.; POLLOCK, M. D. Strength Training – Rationale for current Guidelines for Adult Fitness Programs. **The Physician and Sportmedicine**, [S.l]; v. 25, n. 2, p. 44-64, 1997.

FIATARONE, M. A. et al. High-intensity strength training in nonagenarians. Effects on skeletal muscle. **JAMA**, [S.l.]; ano 13, v. 263, n. 22, p. 3.029-34, jun. 1990.

FLECK, E. J.; KRAMER, W. J. **Fundamentos do treinamento de força muscular**. 2. ed. Porto Alegre: Artmed, 1999. p. 44-6.

FORJAZ, C. L. M. et al. Exercício físico regular e seus benefícios para o coração. **Âmbito Medicina Desportiva**, [S.l]; v. 4, p. 30-8, 1998.

FRANÇA, R. et al. Influência de um programa de força na água (Water Force) na especificidade do Nado Sincronizado. **Revista ENAF Science**. Poços de Caldas; p. 36, 2006.

FURTADO, H. L. **Metodologia da hidroginástica**: Uma análise descritiva. Dissertação de Mestrado. Universidade Castelo Branco, Rio de Janeiro, 2003.

GERRY, C. **Biomecânica dos Esportes**. Barueri: Manole, 1998.

GLANER, M. F. et al. Diagnóstico de aptidão física relacionado à saúde de universitários. **Revista Brasileira de Atividade Física e Saúde**, [S.l]; v. 3, n. 4, p. 35-41, 1998.

GOMES, A. C.; ARAUJO FILHO, N. P. **Cross Training**: Uma abordagem metodológica. Londrina: APEF, 1994.

GOMES, A. C. et al. Alongamento. **Revista Treinamento Desportivo**, [S.l]; v. 2, n. 1, p. 91-4, 1997.

GONÇALVES, M. S. **Sentir, Pensar, Agir**: Corporeidade e Educação. Campinas: Papirus, 1994.

GUEDES JR., D. P. **Personal Training na Musculação**. [S.l.]: Ney Pereira, 1997.

______. **Musculação**: estética e saúde feminina. São Paulo: Phorte, 2003.

GUEDES, JR., D. P.; GUEDES, J. E. P. **Controle do peso**: composição corporal, atividade física e nutrição. Londrina: Midiograf, 1998.

GUEDES JR., D. P. et al. **Treinamento de Força no meio líquido (Water Force)**. Congresso Internacional da FIEP-BULLETIN. Foz do Iguaçu, 2003.

GUERARDI, F. et al. Treinamento resistido no meio líquido (Water Force): seus efeitos na força máxima dinâmica de membros superiores e inferiores. **Revista ENAPEF**, Congresso Latino Americano de Educação Física – Capão de Canoa, 2004.

GUYTON, A.; HALL, J. E. **Tratado de Fisiologia Médica**. 9. ed. Rio de Janeiro: Guanabara Koogan, 1997.

HALL, S. J. **Biomecânica básica**. Rio de Janeiro: Guanabara Koogan, 1999.

______. et al. Cardio respiratory responses to aquatic treadmill walking in patients with rheumatoid arthritis. **Physiother Res. Int.**, [S.l.]; v. 9, n. 2, p. 59-73, 2004.

HAMILL, J. **Bases Biomecânicas do Movimento Humano**. São Paulo: Manole, 1999.

______; KNUTZEN, K. M. **Bases biomecânica do movimento humano**. Barueri: Manole, 1989.

HART, K. J. et al. Swim-trained rats have greater bone mass, density, strength and dynamics. **J. Appl. Physiol.**, [S.l.]; v. 91, n. 4, p. 1.663-8, 2001.

HAY, J. G.; REID, J. G. **As Bases Anatômicas e Mecânicas do Movimento Humano**. Rio de Janeiro: Pentice/Hall do Brasil, 1985.

HEADLEY, S. et al. Resistance training improves strength and functional measures in patients with end-stage renal disease. **American Journal Kidney Diseas**, [S.l.]; v. 40, n. 2, p. 355-64, 2002.

HEITHOLD, K.; GLASS, E. C. Variation in heart rate and perception of effort during land and water aerobics in older women. **Journal of the American society of exercise physiologists**. [S.l]; v. 5, n. 4, p. 22-8, 2002.

HOEGER, W. et al. Comparation of selected training responses to water aerobics and low-impact aerobic dance. **National Aquatic Journal**, [S.l]; Edição de inverno, p. 13-6, 1993.

HOSHI, A. et al. Bone density and mechanical properties in femoral bone of swim loaded aged mice. **Biomed. Environ Science**, [S.l.]; v. 11, n. 3, p. 243-50, set. 1998.

IDE, M. R.; BELINI, M. A.; CAROMANO, F. A. Effects of an aquatic versus non-aquatic respiratory exercise program on the respiratory muscle strength in healthy aged persons. **Clinics**, [S.l.]: Epub; v. 60, n. 2, p. 151-8, abr. 2005.

KATEZ, J. **The new W.E.T. Workout**: water exercise techniques for strengthening, and lifetime fitness. New York: Facts on File, 1996.

KATIC, R. et al. M. Effect of programmed kinesiologic treatment on structural transformation of some strength and endurance manifestations in Croatian Army draftees. **Coll. Antropol.**, [S.l.]; v. 26, n. 1, p. 229-37, 2002.

KNUDSON, D. V.; MORRISON, C. S. **Análise Qualitativa do Movimento Humano**. Barueri: Manole, 2001.

KOLMOGOROV, S.; DUPLISHEVA, A. Active drag, useful mechanical power output and hydrodynamic force coefficient in different swimming strokes at maximal velocity. **Journal of Biomechanics**, [S.l.]; v. 25, p. 311-8, 1992.

KRAVITZ, L.; MAYO, J. J. Aquatic Exercise: a review. **The Akwa Letter**, [S.l]; p.12-23, dez./jan. 1997/1998.

KREIGHBAUM, E. E.; BARTHELS, K. M. **Biomechanics**. A qualitative Approach for Studying Human Movement. [S.l.]: Human Kinetics, 2003.

KRUEL, L. F. M. **Peso hidrostático e freqüência cardíaca em pessoas submetidas a diferentes profundidades de água**. Dissertação de Mestrado, UFSM, 1994.

LUEBBERS, P. E. et al. Effects of plyometric training and Recovery on vertical jump performance and anaerobic power. **J. Strength. Cond. Res.**, [S.l.]; v. 17, n. 4, p. 704-9, 2003.

MADUREIRA, F.; SATURNO, A.; TOYOSHIMA, S. M. Influência do treinamento físico no meio aquático para mulheres na terceira idade. **Revista Brasileira de Atividade Física e Saúde**; [S.l]; v. 3, n. 3, p. 59-66, mar. 1998.

MADUREIRA, F. et al. Alterações morfofuncionais decorrentes do treinamento força em duas modalidades: musculação e hidroginástica. **Revista ENAF Science:** Aquatic Exercise Association. Águas de Lindóia, 2006.

MAGLISCHO, E. W. **Swimming Fastest**. [S.l.]: Human Kinetics, 2003.

MARCHETTI, P; CALHEIROS, R; CHARRO, M. **Biomecânica Aplicada**: uma abordagem para o treinamento de força. São Paulo: Phorte, 2007.

MARQUES, M.; ARAUJO FILHO, N. P. **Hidroginástica – exercícios comentados**: cinesiologia aplicada à hidroginástica. Rio de Janeiro: Ney Pereira, 1999.

MASAMOTO, N. Acute effects of plyometric exercise on maximum squat performance in male athletes. **Journal Strength Cond. Res.**, [S.l.]; v. 17, n. 1, p. 68-71, 2003.

MATAVULJ, D. et al. Effects of plyometric training on jumping performance in junior basketball players. **J. Sports Med. Phys. Fitness**, [S.l.]; v. 41, n. 2, p. 159-64, 2001.

MATTOS, M. G; NEIRA, M. G. **Educação Física na Adolescência**. São Paulo: Phorte, 2000.

MC ARDLE, W. D; KATCH, F. I; KATCH, V. L. **Fisiologia do Exercício**: energia, nutrição e desempenho humano. Rio de Janeiro: Guanabara Koogan, 1998/2001.

MC CARTY, M. F. Optimizing exercise for fat loss. **Med. Hypotheses**, [S.l]; v. 44, n. 5, p. 325-30, 1995.

MC GUINNIS, P. M. **Biomecânica do Esporte e Exercício**. Porto Alegre: Artmed, 2002.

MELTON, R. S. et al. Cardiorespiratory responses of patients with rheumatoid arthritis during bicycle riding and running in water. **Phys. Ther.**, [S.l]; v. 76, n. 10, p. 1.058-65, out. 1996.

MICHAELIS. **Pequeno dicionário inglês/português**. São Paulo: Melhoramentos, 1989. p. 122.

MICHAUD, T. H. et al. Ground reactionforces in high and low impact aerobic dance. **The journal of the sports medicine and physical fitness**, [S.l]; v. 33, p. 359-66, 1993.

MONTEIRO, W. D. Força muscular: uma abordagem fisiológica em função do sexo, idade e treinamento. **Revista Brasileira de Atividade Física**, [S.l]; v. 2, n. 2, p.50-66, 1997.

MULLER, F. I. G.; **A treinabilidade da força muscular em idosas praticantes de Hidroginástica.** Dissertação de Mestrado. Universidade do Estado de Santa Catarina, 2002.

NAGATA, M. et al**.** Effects of exercise practice on the maintenance of radius bone mineral density in postmenopausal women. **J. Physiol. Anthropol. Appl. Human. Sci.**, [S.l.]; v. 21, n. 5, p. 229-34, 2002.

NAKANISHI, Y.; KIMURA, T.; YOKOO, Y. Maximum Physiological responses to deep water running at thermoneutral temperature. **App. Human Sci.**, [S.l]; v. 18, n. 2, p. 31-5, 1999.

NEWTON, R. U.; KRAEMER, W. J.; HÄKKINEN, K. Effects of ballistic training on preseason preparation of elite volleyball players. **Med. Sci. Sports Exerc.**, [S.l.]; v. 31, n. 2, p. 323-30, 1999.

NIEMAN, D. C. **Exercício e Saúde**. Barueri: Manole, 1999.

NYSKA, M. et al. Histomorphometry of long bone growth plate in swimming rats. **Int. J. Exp. Pathol.**, [S.l.]; v. 76, n. 4, p. 241-5, 1995.

PATRICK, D. L. et al. Economic evaluation of aquatic exercise for persons with osteoarthritis. **Med. Care.**, [S.l]; v. 39, n. 5, p. 413-24, 2001.

PAVEL, R. C.; **A natação representada no universo dos idosos masters.** Tese de livre docência, Universidade Gama Filho, 1989.

PELLEGRINOTTI, I. L. Atividade Física e Esporte; a importância no contexto da saúde do ser humano. **Revista Brasileira de Atividade Física e Saúde**, [S.l]; v. 3, n. 3, p. 22-8, 1998.

POLLOCK, M. L.; WILMORE, J. H. **Exercício na saúde e na doença**. Rio de Janeiro: Medsi, 1993.

______. Resistance training for health and disease: introduction. **Med. Sci. Sports Exerc.**, [S.l]; p. 10-1, 1999.

POYHONEN, T. et al. Effects of aquatic resistance training on neuromuscular performance in heathly women. **Medicine e Science in Sports e Exercise**. [S.l.]; v. 34, n. 12, p. 2.103-9, dez. 2002.

PRENTICE, A. M.; JEBB, A. S. Beyond body mass index. **Obes. Rev.**, [S.l.]; v. 2, n. 3, p. 141-7, 2001.

RAVUSSIIN, E.; GAUTIER, J. F. Metabolic predictors of weight gain. **Int. J. Obes. Relat. Metab. Disord.**, [S.l]; v. 23, n. 1, p. 37-41, 1999.

REILLY, T.; DOWZER, C. N.; CABON, T. The physiology of deep-water running. **Journal Sports Sci.**, [S.l]; v. 21, n. 12, p. 959-72, 2003.

RITCHIE, S. E., HOPKINS, W. G. The Intensity of exercise in deep-water running. **Intl. J. Sports Med.**, [S.l]; v. 12, p. 27-9, 1991.

ROBERGS, R. A.; ROBERTS, S. O. **Princípios fundamentais de fisiologia do exercício para a aptidão, desempenho e saúde**. São Paulo: Phorte, 2002.

ROBINSON, L. E. et al. The effects of land vs. aquatic plyometric on power, torque, velocity, and muscle soreness in woman. **Journal Strength Cond. Res.**, [S.l.]; v. 18, n. 1, p. 84-91, 2004.

ROCHA, A. et al. **Comparação do treinamento abdominal dentro e fora d´água**. Congresso internacional da FIEP-BULLETIN. Foz do Iguaçu, 2004.

ROCHA, M. et al. **Análise de três estratégias distintas para o exercício de flexão do cotovelo na hidroginástica**. Fórum Internacional de Qualidade de Vida. Curitiba, 2005.

RODRIGUES, H. F. et al. **Modificações na antropometria e composição corporal de jogadores de futsal profissional submetidos a treinamento de pliometria aquática**. Encontro Nacional de Atividade Física – ENAF. [S.l.], 2005.

______. Análise da resposta do treinamento resistido no meio líquido para membros inferiores de jogadores de futsal profissional. **Revista ENAPEF** – Congresso Latino Americano de Educação Física, Capão de Canoa, 2004.

SALDANHA, M. **Fisiologia do treinamento e nutrição aplicados ao futebol**. São Paulo: Fontoura, 2002.

SARIS, W. H. Fit, fat and fat free: The metabolic aspects of weight control. **Int. J. Obes. Relat. Metb. Disord.**, [S.l]; v. 22, n. 2, p. S15-21, 1998.

SCHIMIDT, R. A.; WRISBERG, C. A **Aprendizagem e performance motora**. [S.l.]: Artmed, 2001.

SHARP, R. L.; COSTILL, D. L. Shaving a little time. **Swimming Technique**, [S.l.]; v. 1, p. 10-3, 1989.

SIEGLER, J.; GASKILL, S.; RUBY, B. Changes evaluated in soccer-specific power endurance either with or without a 10-week, in-season, intermittent, high-intensity training protocol. **J. Strength Cond. Res.**, [S.l.]; v. 17, n. 2, p. 379-87, 2003.

SILVA, J. L. T. A importância do exercício físico na prevenção das enfermidades crônico-degenerativas do sistema cardiovascular. **Revista Brasileira de Atividade Física e Saúde**, [S.l]; v. 1, n. 4, p. 69-81, 1996.

SIPILA, S.; SUOMINEM, H. Effects of strength and endurance training on thigh and leg muscle mass and composition in elderly women. **Journal of Applied Physiology**, [S.l.]; v. 78, n. 1, p. 334-40, 1995.

SKINNER, A. T.; THOMPSON, A. M. **Duffield**: exercícios na água. Barueri: Manole, 1985.

SNYDER, A. et al. The effects of exercise mode, swimming vs. running, upon bone growth in the rapidly growing female rat. **Mech. Ageing**, [S.l.]; v. 66, n. 159-69, dez. 1992.

SOARES, J. S; Flexibilidade: evidências científicas e aplicações práticas nas aulas de hidroginástica. In: ABOARRAGE, A. M. **Hidrotreinamento**. Rio de Janeiro: Shape, 2003. p. 97-105.

SOARES, J. S.; MONTEIRO, A. G. Controle da intensidade na hidroginástica utilizando o interval training. **Revista Metropolitana de Ciência do Movimento Humano**, [S.l]; v. 4, n. 1, p. 25-30, 2000.

SONG, Y. et al. Influence of aging, menopause and knee osteoarthritis on women's femoral neck strength and muscle force. **Zhonghua Yi Xue Za Zhi**, [S.l.]; v. 82, n. 11, p. 752-5, 2002.

SOUZA JR., T. P.; PEREIRA, B. **Compreendendo a barreira do rendimento físico**. São Paulo: Phorte, 2005.

SOVA, R. **Hidroginástica na Terceira Idade**. Barueri: Manole, 1998.

SVEDENHA, G. J.; SEGEN, J. Running on land and in water: comparative exercise physiology. **Med. Sci. Sports Exec.**, [S.l]; v. 24, n. 10, p. 1.155-60, 1992.

SUOMI, R.; COLLIER, D. Effects of arthritis exercise programs on functional fitness and perceived activities of daily living measures in older adults with arthritis. **Arch. Phys. Med. Rehabil.**, [S.l.]; v. 84, n. 11, p. 1.589-94, 2003.

SUOMI, R.; KOCEJA, D. M. Postural sway characteristics in women with lower extremity arthritis before and after an aquatic exercise intervention. **Arch. Phys. Med. Rehabil.**, [S.l]; v. 81, n. 6, p. 780-5, 2000.

SWANIK, K. A. et al. The effects of shoulder plyometric training on proprioception and selected muscle performance characteristics. **J. Shoulder Elbow Surg.**, [S.l.]; v. 11, n. 6, p. 579-86, 2002.

SWISSA-SIVAN, A. et al. The effect of swimming on bone modeling and composition in young adult rats. **Calcif. Tissue Int.**, [S.l.]; v. 47, n. 3, p. 173-7, 1990.

______. Effect of swimming on prednisolone-induced osteoporosis in elderly rats. **J. Bone Miner Res.**, [S.l.]; v. 7, n. 2, p. 161-9, 1992.

TANI, G. **Hierarchical organization of an action programmer in the acquisition of a graphic skill**. Relatório Final de Atividades (Pós-Doutorado). Departamento de Psicologia da Universidade de Sheffield, 1995.

TAUNTON, J. E. et al. Effects of Land-based and water-based fitness programs of cardiovascular fitness, strength and flexibility of women age 65-75 years. **Gerontology**, [S.l]; v. 42.

TEMPLETON, M. S; BARRACA, D. L; O'KELLY, W. D. Effects of aquatic therapy on joint flexibility and functional ability in subjects with rheumatic disease. **Journal Orthop. Sports Phys. Ther.**, [S.l]; v. 23, n. 6, p. 376-81, 1996.

TENG, S.; HERRING, S. W. Compressive loading on bone surfaces from muscular contraction: an in vivo study in the miniature pig. **Sus. Scrofa. J. Morphol.**, [S.l.]; v. 238, n. 1, p. 71-80, 1998.

TOUSSAINT, H. M.; BEEK, P. J. Biomechanics of competitive front crawl swimming. **Sports Medicine**, [S.l.]; v.13, n.1, p. 8-24, 1992.

TRITSCHLER, K. **Barrow & McGee´s practical measurement and assessment**. New York: Williams & Wilkins, 2000.

TSAI, S. C.; KAO, C. H.; WANG, S. J. Comparison of bone mineral density between athletic and non-athletic Chinese male adolescents. **Kaohsiung J. Med. Sci.**, [S.l.]; v. 12, n. 10, p. 573-80, out. 1996.

TSOURLOU, T. et al. The effects of a twenty-four-week aquatic training program on muscular strength performance in healthy elderly women. **J. Strength Cond. Res.**, [S.l.]; v. 20, n. 4, p. 811-8, nov. 2006.

TSUKAHARA, N. et al. Cross-sectional and longitudinal studies on the effect of water exercise in controlling bone loss in Japanese postmenopausal women. **J. Nutr. Sci. Vitaminol**, Tokyo; v. 40, n. 1, p. 37-47, 1994.

TUBINO, M. J. G.; MOREIRA, S. B. **Metodologia científica do treinamento desportivo**. 13. ed. Rio de Janeiro: Shape, 2003.

TURNER, L. W. et al. Influence of yard work and weight training on bone mineral density among older U.S. women. **J. Women Aging**, [S.l.]; v. 14, n. 3-4, p. 139-48, 2002.

UENO, E. et al. Bone Lesions of the Hand and Wrist in Patients Undergoing Hemodialysis for Ten Years. **Hand Surg.**, [S.l.]; v. 4, n. 2, p. 159-65, dez. 1999.

VERKHOSHANSKI, Y. V. **Força treinamento de potência muscular**. Londrina: Centro de informações desportivas, 1996. p. 52-7.

VILARINHO, R. et al. **Modificações morfológicas decorrentes do treinamento de força no meio líquido (Water Force)**. Fórum Internacional de Qualidade de Vida. Curitiba, 2004.

______. Alterações na força máxima dinâmica, antropometria e área de secção transversa muscular em jovens adultos após programa de treinamento de força na água (Water Force). Congresso Brasileiro dos Países de Língua Portuguesa. **Revista Brasileira de Educação Física e Esporte**, p. 217, 2006.

VORONTSOV, A. R.; RUMYANTSEV, V. A. Forças resistivas na natação. In: ZATSIORSKY, V. M. (Ed.) **Biomecânica do esporte: performance do desempenho e prevenção de lesão**. Rio de Janeiro: Guanabara Koogan, 2004.

WEINECK, J. **Treinamento Ideal**. 9. ed. São Paulo: Manole, 1999.

WHITE, T.; SMITH, B. S. The efficacy of aquatic exercise in increasing strength. Sports **Med. Training and Rehab.**, [S.l.]; v. 9, n. 1, p. 51-9, 1999.

WILMORE, J. H.; COSTIL, L. C. **Fisiologia do esporte e do exercício**. Barueri: Manole, 1999.

WITZKE, K. A; SNOW, C. M. Effects of plyometric jump training on bone mass in adolescent girls. **Med. Sci. Sports Exerc.**, [S.l.]; v. 32, n. 6, p. 1.051-7, jun. 2000.

YAZAWA, R. H. et al. Antropometria e flexibilidade em senhoras praticantes de ginástica aquática. **Revista Brasileira de ciência do movimento**, [S.l]; v. 3, n. 4, p. 23-9, 1989.

Títulos disponíveis em:

< url:http//www.fsc.ufsc.br/nccf/parcerias/ntnujava/lig >. Acesso em 23 ago. 2003.
< www.fisica.ufc.br/timtim10.htm >. Acesso em 23 ago. 2003.

Aquatic Exercise Association - AEA

A Aquatic Exercise Association (AEA) foi fundada em 1984 em Nokomis, Flórida. É uma associação sem fins lucrativos, que busca a qualidade científica, além de promover um intercâmbio entre profissionais ligados à saúde em todo mundo.

Fomentar informações inovadoras com bases científicas, adequar conhecimentos de outros meios do fitness adaptados ao meio aquático, disseminar equipamentos que ofereçam segurança e eficiência, além de aprimorar os profissionais tecnicamente, são prioridades da AEA.

A AEA possui representantes em grande parte do mundo como: nos EUA, Brasil, Canadá, Itália, Israel, Trinidad & Tobago, Coréia, Ilhas Caymans, Inglaterra, Portugal, França, Japão, Estônia, Bélgica, entre outros.

Todos os anos, no mês de maio, é realizada a International Aquatic Fitness Conference (IAFC), nos Estados Unidos, na qual todos os seus representantes e associados se encontram para discutir e desenvolver programas em um ambiente com muitas aulas e apresentações de trabalhos direcionados às atividades aquáticas.

Nesta conferência se encontram os melhores professores de seus respectivos países, onde são referências. A AEA promove a entrega do Global Award Aquatic Fitness Professional, pelos os anos de dedicação, liderança e contribuição para a indústria do fitness aquático.

No ano de 2007, o professor brasileiro Nino Aboarrage foi contemplado por ter se destacado nas maiores convenções do país e por suas publicações em livros, artigos e DVDs relacionados ao treinamento na água. Dentre elas destacam-se os livros Hidroesporte – Treinamento Complementar e Hirotreinamento, e os DVDs Aquatrainning e Hidroworkout.

O professor Nino Aboarrage é preparador físico de futebol com passagem em grandes clubes no Brasil. É também membro do Colégio Brasileiro de Atividade Física, Saúde e Esporte (COBRASE), do Centro de Pesquisa do Esporte e da Dor (CEPRE) e membro trainner da Aquatic Exercise Asssociation (AEA).

Graduado em Educação Física, Pós-Graduado em Treinamento Desportivo e Mestre em Ciência da Motricidade Humana, ministra aulas em cursos e Pós-Graduação sobre Exercícios Aquáticos e Treinamento Desportivo pelo Brasil e exterior. Atualmente presta consultoria em Atividade Física em empresas no Brasil, Argentina, Peru e África do Sul.

Sobre o Livro

Formato: 17 x 24 cm
Mancha: 11 x 18 cm
Tipologia: Myriad Roman
Papel: Couché 115 g
1ª edição: 2008

Equipe de Realização

Edição de Texto
Nathalia Ferrarezi (Copidesque e Revisão)
Renata Sangeon (Revisão)

Editoração Eletrônica
Deborah Mattos (Capa, Projeto Gráfico, Diagramação e Tratamento de Imagens)
Schirley Feu Rosa (Fotografia e Tratamento de Imagens)

Impressão
Edelbra Gráfica